BESTACTIVITYBOOKS.COM

PREMIERE ÉDITION

Dépôt légal, 2022

Illustration Graphique Extra: www.freepik.com
Merci à Alekksall, Starline, Pch.vector, Rawpixel.com, Vectorpocket, Dgim-studio, Upklyak, Macrovector, Stockgiu, Pikisuperstar & Freepik.com Designers

5 ASTUCES POUR DÉMARRER !

1) COMMENT RÉSOUDRE LES MOTS MÊLÉS

Les puzzles sont dans un format classique :

- Les mots sont cachés sans espaces, tirets, ...
- Orientation : Les mots peuvent être écrits en avant, en arrière, vers le haut, vers le bas ou en diagonale (ils peuvent être inversés).
- Les mots peuvent se chevaucher ou se croiser.

2) UN APPRENTISSAGE ACTIF

Un espace est prévu à côté de chaque mots pour noter la traduction. Pour favoriser un apprentissage actif un **DICTIONNAIRE** à la fin de cette édition vous permettra de vérifier et étendre vos connaissances. Cherchez et notez les traductions, trouvez-les dans le Puzzle et ajoutez-les à votre vocabulaire !

3) MARQUEZ LES MOTS

Vous pouvez inventer votre propre système de marquage. Peut-être en utilisez-vous déjà un ? Sinon, vous pourriez, par exemple, marquer les mots qui ont été difficiles à trouver d'une croix, ceux que vous avez aimés d'une étoile, les mots nouveaux d'un triangle, les mots rares d'un diamant, etc...

4) STRUCTUREZ VOTRE APPRENTISSAGE

Cette édition vous offre un **CARNET DE NOTES** très pratique à la fin du livre. En vacances ou en voyage ou à la maison, vous pouvez facilement organiser vos nouvelles connaissances sans avoir besoin d'un second bloc-notes !

5) VOUS AVEZ FINI TOUTES LES GRILLES ?

Allez à la section bonus **CHALLENGE FINAL** pour trouver un jeu gratuit à la fin de cette édition !

Simple et Rapide ! Découvrez notre collection de livres d'activités pour votre prochain moment de détente et **d'apprentissage**, à juste un clic de distance !

Trouvez votre prochain défi sur :

BestActivityBooks.com/MonProchainLivre

À vos marques, prêts... Partez !

Saviez-vous qu'il existe environ 7 000 langues différentes dans le monde ? Les mots sont précieux.

Nous aimons les langues et avons travaillé dur pour créer les livres de la plus haute qualité pour vous. Nos ingrédients ?

Une sélection des thématiques d'apprentissage adaptée, trois belles parts de divertissement, puis nous ajoutons une cuillère de mots difficiles et une pincée de mots rares. Nous les servons avec soin et un maximum de plaisir pour vous permettre de résoudre les meilleurs jeux de mots mêlés qui soient et d'apprendre en vous amusant !

Votre avis est essentiel. Vous pouvez participer activement au succès de ce livre en nous laissant un commentaire. Nous aimerions vraiment savoir ce que vous avez préféré dans cette édition !

Voici un lien rapide qui vous mènera à la page d'évaluation de vos commandes :

BestBooksActivity.com/Avis50

Merci pour votre aide et amusez-vous bien !

De la part de toute l'équipe

1 - Adjectifs #2

G	R	K	G	V	K	T	R	J	M	Y	O	Z	D	Ü	T
Z	R	R	Ü	Y	D	R	A	M	A	T	İ	K	O	N	K
R	I	Z	Ç	K	F	N	P	M	Y	Z	C	Y	Ğ	L	M
N	Q	I	L	K	E	N	E	T	E	Y	D	A	A	Ü	P
H	V	Ü	Ü	M	U	A	U	C	N	O	G	R	L	A	I
P	K	V	R	J	N	U	L	T	E	U	F	A	B	O	Z
Z	F	B	V	E	S	O	R	U	M	L	U	T	Q	G	U
Y	Z	K	V	N	T	P	V	I	A	U	L	I	H	Z	N
I	C	I	Y	A	L	K	I	Ç	A	K	R	C	N	N	J
L	N	T	U	S	Z	J	E	M	U	Y	U	I	F	E	C
K	H	N	L	E	R	A	T	N	G	U	R	I	I	Z	Y
I	E	A	G	R	T	E	R	P	U	Q	U	S	Y	P	N
L	J	T	G	E	U	F	Z	I	O	C	G	A	P	C	R
Ğ	I	O	M	T	Z	V	G	B	F	Z	Y	F	E	V	E
A	G	C	M	N	L	U	B	C	F	F	O	V	H	J	T
S	N	D	P	E	U	R	U	K	V	A	H	Ş	İ	F	A

OTANTIK
ÜNLÜ
YARATICI
AÇIKLAYICI
YETENEKLI
DRAMATİK
ZARIF
GURURLU
GÜÇLÜ
ENTERESAN
DOĞAL
YENI
ÜRETKEN
SAF
SORUMLU
SAĞLIKLI
TUZLU
VAHŞİ
KURU
UYKULU

2 - Formes

K	O	N	İ	N	E	G	K	O	Ç	P	E	Ğ	R	I	Q
E	C	E	R	A	K	T	R	E	N	R	N	L	I	Q	G
C	G	G	Y	Y	J	K	N	Z	C	İ	B	Z	R	D	R
Q	O	T	D	I	Y	V	E	Q	F	Z	C	C	P	H	U
I	D	R	S	Z	I	T	G	N	M	M	I	D	C	N	D
K	I	Ö	L	E	V	Q	Ç	L	A	A	N	C	F	N	Z
B	V	D	A	R	K	P	Ü	D	F	R	E	V	D	E	I
Y	Y	K	S	İ	L	İ	N	D	İ	R	L	R	U	P	P
P	F	I	N	O	O	G	T	T	E	M	B	A	E	L	I
O	F	D	C	V	B	P	G	F	K	L	L	Y	R	N	Z
H	C	Y	I	A	R	I	S	G	Y	L	İ	P	Ü	E	F
L	H	M	E	L	E	Q	S	B	C	L	J	P	K	U	A
M	B	S	H	J	P	P	İ	R	A	M	İ	T	S	Ü	U
D	A	I	R	E	İ	D	M	G	K	Ö	Ş	E	R	F	P
N	B	A	T	P	H	E	C	H	Y	Y	C	E	K	B	T
J	L	D	H	F	L	V	U	D	C	P	E	R	F	H	J

ARK
KENARLAR
KARE
DAIRE
KÖŞE
EĞRI
KONİ
YAN
KÜP
SİLİNDİR
ELİPS
HİPERBOL
SIRA
OVAL
ÇOKGEN
PRİZMA
PİRAMİT
DIKDÖRTGEN
KÜRE
ÜÇGEN

3 - Force et Gravité

B	I	V	V	V	F	Q	V	P	U	G	R	F	D	G	R
R	A	H	U	O	İ	K	E	Ş	I	F	T	O	İ	E	D
E	P	S	M	O	Z	Z	A	M	A	N	N	N	N	N	E
L	J	Y	I	O	İ	H	S	K	Z	B	Z	S	A	I	K
K	I	Z	A	N	K	I	L	R	I	Ğ	A	A	M	Ş	R
İ	P	F	V	F	Ç	S	Q	Z	L	N	O	O	İ	L	G
L	G	Z	A	M	Z	İ	T	E	Y	N	A	M	K	E	E
L	L	U	E	E	H	A	R	E	K	E	T	U	J	M	Z
E	E	O	D	R	M	S	Ü	R	T	Ü	N	M	E	E	E
Z	V	D	Y	K	F	E	B	M	B	S	O	A	P	G	G
Ö	I	R	L	E	G	Q	K	Z	P	O	Z	J	L	N	E
V	Y	U	E	Z	I	H	N	A	J	H	S	U	Z	Ü	N
J	G	F	R	N	Z	H	D	Y	N	E	S	K	E	R	L
M	T	R	L	Z	S	R	S	A	N	İ	J	D	Z	Ö	E
M	E	S	A	F	E	E	G	K	K	P	K	V	S	Y	R
M	I	S	I	D	K	Ü	L	K	Ü	Y	Ü	B	M	U	C

EKSEN
MERKEZ
KEŞIF
MESAFE
DİNAMİK
GENIŞLEME
SÜRTÜNME
MANYETİZMA
BÜYÜKLÜK
MEKANİK
HAREKET
YÖRÜNGE
FİZİK
GEZEGENLER
AĞIRLIK
BASINÇ
ÖZELLİKLER
ZAMAN
EVRENSEL
HIZ

4 - Adjectifs #1

K	F	I	R	S	A	M	V	G	H	C	I	Ç	K	R	C
A	O	D	D	K	Ğ	Y	J	Ü	I	H	U	E	U	U	O
L	S	C	Ş	V	I	V	J	Z	R	F	D	K	S	B	C
T	O	Q	A	O	R	T	Q	E	S	G	E	I	U	P	T
U	H	Y	V	M	Q	P	O	L	L	L	D	C	R	B	R
M	T	P	A	Z	A	O	N	Z	I	L	Ü	I	S	A	Z
O	I	C	Y	Y	C	N	I	Z	G	F	R	Z	U	F	L
Ö	Z	D	E	Ş	M	D	F	J	N	E	Ü	Z	Z	Y	M
E	E	R	H	N	O	V	F	H	A	C	S	U	Q	Z	T
P	I	T	A	S	D	E	T	K	I	N	T	M	V	Z	D
L	Z	D	T	N	E	A	A	R	I	I	E	A	Z	Q	Y
M	P	F	L	G	R	E	I	D	E	A	I	S	E	F	A
U	E	J	U	G	N	K	H	L	U	M	U	U	S	Z	O
S	A	N	A	T	S	A	L	Q	V	C	Ö	M	V	F	Z
Ö	N	E	M	L	I	A	D	G	Q	F	O	C	T	E	D
S	D	A	R	O	M	A	T	İ	K	G	E	N	Ç	G	U

MUTLAK
ETKIN
HIRSLI
AROMATİK
SANATSAL
ÇEKICI
GÜZEL
EGZOTIK
KOCAMAN
CÖMERT
DÜRÜST
ÖZDEŞ
ÖNEMLI
MASUM
GENÇ
YAVAŞ
AĞIR
INCE
MODERN
KUSURSUZ

5 - Instruments de Musique

M	O	G	Y	F	T	N	Z	Y	S	O	K	Z	V	O	O
J	A	T	K	S	E	S	U	G	S	Y	E	O	L	T	D
I	P	N	I	J	K	A	R	C	L	D	M	S	R	R	E
R	G	E	D	H	Z	L	U	V	A	D	A	A	L	O	Ç
G	O	N	G	O	V	F	A	T	S	H	N	K	K	G	E
D	C	B	Q	E	L	I	Y	R	S	H	K	S	P	B	L
A	J	T	V	P	G	İ	N	B	N	U	Q	A	İ	A	L
T	R	O	M	B	O	N	N	A	Q	E	C	F	Y	N	O
B	A	G	E	T	U	O	L	V	Z	Q	T	O	A	Ç	U
D	J	A	Z	G	T	R	O	M	P	E	T	N	N	O	T
Z	Q	F	J	B	M	C	A	G	A	V	F	T	O	U	J
M	A	R	İ	M	B	A	S	T	S	M	L	R	D	U	C
K	J	H	T	T	G	M	L	K	İ	C	Ü	Y	O	M	V
E	A	A	E	R	G	R	L	A	N	G	T	M	V	J	I
B	Q	B	F	O	B	U	A	F	L	C	Y	Q	M	T	Z
E	T	G	K	K	V	V	Q	B	A	R	P	S	J	Q	D

BANÇO
FAGOT
KLARNET
FLÜT
GONG
GİTAR
ARP
OBUA
MANDOLİN
MARİMBA
VURMA
PİYANO
BAGET
SAKSAFON
DAVUL
TEF
TROMBON
TROMPET
KEMAN
ÇELLO

6 - Échecs

K	U	J	U	K	K	Ş	T	U	R	N	U	V	A	E	Z
J	U	G	V	I	R	V	A	M	Ş	I	R	A	Y	Ç	O
H	Q	R	P	K	A	K	H	M	T	Z	G	G	C	A	R
Y	Q	I	B	J	L	D	J	H	P	I	K	A	R	P	L
F	Y	P	S	A	S	I	Y	A	H	İ	B	K	S	R	U
I	D	J	G	B	N	U	Y	O	Z	U	Y	M	Q	A	K
S	T	R	A	T	E	J	İ	I	A	Y	A	O	J	Z	L
A	Ö	S	P	Z	L	M	J	U	T	Z	R	Q	N	T	A
P	V	Ğ	Z	A	M	A	N	O	Q	V	F	Y	C	E	R
J	J	B	R	Y	U	V	Z	D	A	E	O	C	U	J	Y
J	B	B	N	E	C	F	A	N	G	J	D	T	Q	C	N
E	U	K	V	B	N	P	P	T	T	A	F	V	O	H	J
L	N	K	U	A	U	M	F	M	K	N	H	Q	P	S	Y
Q	R	N	E	T	Y	K	E	Ç	I	L	A	R	K	F	D
I	I	R	U	E	O	Z	B	K	Ü	Z	Ü	T	C	P	E
Y	D	R	L	N	R	J	J	M	T	P	S	E	A	J	F

RAKIP
ÖĞRENMEK
BEYAZ
ŞAMPİYON
YARIŞMA
ZORLUKLAR
ÇAPRAZ
OYUN
OYUNCU
SIYAH
PASIF
KRALIÇE
TÜZÜK
KRAL
KURBAN
STRATEJİ
ZAMAN
TURNUVA

7 - Herboristerie

S	P	E	E	H	A	I	K	I	B	K	D	A	M	Z	R
A	T	N	A	V	A	L	Z	Ç	F	G	A	J	P	N	S
F	S	V	C	S	M	A	J	E	Y	Q	C	L	B	S	V
R	C	Z	T	K	U	D	K	R	P	R	Z	E	I	V	K
A	L	Y	M	G	T	Y	İ	I	Ç	I	Ç	E	K	T	A
N	O	L	D	P	F	A	T	K	S	Y	F	Ç	E	M	E
Z	E	N	A	N	A	F	A	R	L	F	M	H	N	A	Y
A	P	Ğ	A	E	K	Z	M	L	A	P	C	A	B	Y	İ
K	L	K	E	T	Y	P	O	G	F	B	N	B	R	D	R
Y	E	J	O	L	S	A	R	I	M	S	A	K	E	A	E
E	D	K	P	P	S	T	A	R	H	U	N	Q	Z	N	B
Ş	F	J	İ	O	P	E	O	F	B	I	C	T	E	O	İ
I	F	N	V	K	S	Z	F	R	Q	R	U	Q	N	Z	B
L	C	P	M	L	J	Z	Q	I	J	S	Y	C	E	D	Q
H	E	A	B	S	Q	E	T	C	J	L	Y	M	L	N	O
M	K	J	P	F	Y	L	D	U	I	N	H	Y	K	Z	E

SARIMSAK
AROMATİK
FESLEĞEN
FAYDALI
MUTFAK
TARHUN
REZENE
ÇIÇEK
IÇERIK
BAHÇE
LAVANTA
NANE
MAYDANOZ
KALITE
BİBERİYE
SAFRAN
LEZZET
KEKİK
YEŞIL

8 - Véhicules

G	D	D	Z	L	A	S	C	K	D	E	V	O	Y	K	I
I	E	R	N	A	V	R	E	K	F	Z	I	İ	J	Q	B
P	N	Y	Ö	S	J	K	T	E	L	K	I	S	I	B	B
L	İ	R	Q	T	L	A	O	D	S	O	A	K	B	P	G
U	Z	I	F	İ	K	H	B	N	O	Y	M	A	K	R	Z
K	A	Ç	U	K	D	A	İ	Z	M	D	B	T	Y	O	G
D	L	S	F	L	U	E	R	O	F	R	U	M	J	K	N
Y	T	P	O	E	B	M	E	T	R	O	L	V	H	E	T
V	I	Q	R	R	A	S	F	J	O	E	A	A	Q	T	T
P	H	C	L	U	D	P	I	G	T	I	N	N	O	Y	S
U	Z	V	A	J	B	M	Y	B	O	K	S	E	Y	C	H
A	R	A	B	A	T	O	B	J	M	Z	Ü	V	R	N	I
H	T	R	K	O	C	P	T	J	A	O	B	C	J	T	K
F	F	Y	D	Z	S	Q	J	O	D	E	O	N	A	H	I
H	E	L	İ	K	O	P	T	E	R	Q	T	Y	H	H	E
A	I	M	Y	C	D	M	U	Y	P	J	O	Y	R	U	J

AMBULANS
UÇAK
BOT
OTOBÜS
KAMYON
KERVAN
FERİBOT
ROKET
HELİKOPTER
METRO
MOTOR
LASTİKLER
SAL
DENİZALTI
TAKSİ
TRAKTÖR
TREN
VAN
BISIKLET
ARABA

9 - Camping

Z	O	E	T	N	H	K	D	M	G	I	P	Ş	E	T	A
F	N	V	H	N	S	K	A	G	S	S	U	A	S	Y	K
H	R	D	P	I	A	N	Ğ	M	S	K	S	P	I	O	O
O	K	H	A	Y	V	A	N	L	A	R	U	K	F	Q	I
L	L	R	D	Q	L	K	J	L	T	H	L	A	H	N	S
O	N	A	K	P	G	Q	S	K	İ	F	A	J	C	I	E
R	T	M	N	M	C	F	D	T	R	S	D	A	T	P	G
M	G	D	K	A	B	İ	N	J	A	F	K	Ğ	P	Y	B
A	C	Z	O	I	K	K	V	U	H	Y	B	A	P	G	E
N	A	Y	S	Ğ	B	Ö	C	E	K	E	K	Ç	C	H	P
N	R	R	G	Y	A	R	E	C	A	M	P	L	A	A	K
A	V	C	I	L	I	K	E	R	P	H	O	A	L	K	R
M	O	S	E	Ö	I	T	M	N	B	T	O	R	J	P	B
B	H	H	Y	G	B	K	T	R	E	Ç	A	D	I	R	L
U	F	K	V	O	G	P	B	P	H	F	J	J	T	B	H
B	T	V	M	F	Y	P	S	H	L	D	O	B	R	K	N

HAYVANLAR
AĞAÇLAR
MACERA
PUSULA
KABİN
KANO
HARİTA
ŞAPKA
AVCILIK
IP
ATEŞ
ORMAN
HAMAK
BÖCEK
GÖL
FENER
AY
DAĞ
DOĞA
ÇADIR

10 - Géométrie

N	E	H	Q	D	A	J	Y	U	R	K	Y	E	K	I	D
T	B	Z	M	Y	E	L	T	I	K	C	Ü	F	L	G	O
V	V	J	G	T	N	N	M	Z	S	O	K	B	N	G	P
U	S	U	T	T	M	B	K	E	I	Q	S	Y	M	Z	B
F	H	E	U	P	Z	M	U	L	M	G	E	P	M	F	Z
M	E	D	Y	A	N	A	R	O	E	B	K	U	L	S	S
C	D	O	O	Ç	O	B	B	J	K	M	L	H	P	S	İ
T	N	B	B	E	I	U	M	K	H	K	I	T	N	A	M
E	G	N	Ü	Ç	G	E	N	O	E	V	K	V	C	S	E
O	A	Ç	I	C	U	R	R	Ş	S	R	T	G	M	O	T
R	Z	R	E	Ğ	R	I	H	U	A	M	M	E	F	B	R
İ	M	Q	A	P	C	A	V	T	P	Y	Ü	Z	E	Y	İ
V	Q	S	F	M	S	D	T	O	L	T	O	L	U	P	Y
M	A	E	G	Q	U	E	V	F	A	V	L	I	Ö	L	U
S	Q	F	V	A	J	N	E	S	M	Q	I	R	N	B	Z
K	P	L	C	B	J	B	R	A	A	E	O	O	M	C	T

AÇI
HESAPLAMA
DAIRE
EĞRI
ÇAP
BOYUT
DENKLEM
YÜKSEKLIK
MANTIK
KITLE
MEDYAN
NUMARA
KOŞUT
ORAN
BÖLÜM
YÜZEY
SİMETRİ
TEORİ
ÜÇGEN
DIKEY

11 - Diplomatie

K	N	N	K	O	T	C	İ	Ğ	İ	L	R	İ	B	Ş	İ
O	G	J	K	A	D	A	L	E	T	N	D	T	P	N	S
K	I	G	Ü	V	E	N	L	I	K	S	S	K	Y	S	İ
D	A	N	I	Ş	M	A	N	M	Q	M	R	A	M	L	Y
T	A	R	T	I	Ş	M	A	O	Ç	N	S	A	N	K	A
B	Ü	Y	Ü	K	E	L	Ç	İ	I	E	O	T	M	İ	S
O	J	Y	N	C	H	C	E	T	İ	K	K	V	D	V	E
B	M	A	N	T	L	A	Ş	M	A	U	E	I	K	B	T
Y	Ü	V	A	T	A	N	D	A	Ş	L	A	R	Ş	D	G
A	Z	T	B	V	R	V	F	N	E	U	O	N	I	M	V
B	Ö	E	Ü	K	İ	T	A	M	O	L	P	İ	D	M	E
A	Ç	M	B	N	G	A	G	L	V	P	E	R	O	K	I
N	B	Ü	O	N	L	F	H	P	K	O	N	T	G	N	L
C	G	K	M	D	Y	Ü	F	N	Y	T	Z	Z	I	D	M
I	P	Ü	D	M	U	G	K	İ	L	İ	Ç	L	E	S	T
M	D	H	K	A	M	P	A	N	Y	A	D	Z	D	S	O

ELÇİLİK
BÜYÜKELÇİ
KAMPANYA
VATANDAŞLAR
TOPLULUK
ÇEKIŞME
DANIŞMAN
İŞBİRLİĞİ
DİPLOMATİK
TARTIŞMA
ETİK
YABANCI
HÜKÜMET
İNSANİ
BÜTÜNLÜK
ADALET
SİYASET
GÜVENLIK
ÇÖZÜM
ANTLAŞMA

12 - Électricité

T	Z	B	I	Z	T	E	A	I	T	E	L	E	F	O	N
N	E	J	G	F	E	L	V	M	I	F	Ğ	Y	T	N	V
F	N	L	T	C	Q	E	U	S	P	L	A	M	B	A	C
J	S	I	L	A	C	K	Y	O	Z	U	S	M	U	L	O
K	E	P	O	E	G	T	K	P	Y	F	L	O	H	R	E
B	N	U	T	N	R	R	J	E	N	E	R	A	T	Ö	R
U	B	N	O	Y	Z	İ	V	E	L	E	T	M	Q	Y	E
S	J	L	M	A	M	K	U	N	D	C	O	F	Y	J	L
L	A	Z	E	R	R	Y	D	Q	C	G	P	A	O	S	E
M	I	K	N	A	T	I	S	E	A	Q	P	R	U	D	K
O	M	U	K	L	Y	T	V	U	P	A	A	O	S	V	T
Q	C	S	P	C	U	V	U	C	S	O	U	Y	U	B	R
N	P	C	F	A	G	Z	D	J	H	L	L	F	I	P	İ
P	O	Z	İ	T	İ	F	V	Y	H	B	Z	A	I	O	K
L	R	P	I	A	O	Q	R	Q	N	A	S	S	M	E	Ç
I	D	H	N	P	E	O	L	Y	N	K	F	O	N	A	İ

MIKNATIS
AMPUL
PIL
KABLO
ELEKTRİKÇİ
ELEKTRİK
TELLER
JENERATÖR
LAMBA
LAZER
OLUMSUZ
NESNE
POZİTİF
YUVA
AĞ
DEPOLAMA
TELEFON
TELEVİZYON

13 - Astronomie

R	M	O	N	O	R	T	S	A	G	O	R	T	B	N	R
K	A	R	P	O	T	Q	U	K	R	T	O	F	U	Z	A
R	F	D	V	D	F	Z	R	T	G	F	K	O	L	K	S
S	P	E	Y	B	O	N	N	U	U	E	E	M	U	M	A
I	H	H	P	A	H	Q	M	P	J	L	T	A	T	A	T
T	A	B	A	M	S	T	M	H	R	U	M	Y	S	S	H
K	D	S	J	G	Y	Y	I	Q	R	I	Y	A	U	G	A
G	Ö	K	Y	Ü	Z	Ü	O	I	V	M	R	D	F	E	N
B	G	T	R	U	D	H	A	N	E	R	V	E	U	Z	E
S	Ö	A	S	T	R	O	N	O	T	E	V	Q	O	E	M
S	K	O	N	İ	K	E	S	L	L	Z	J	M	O	G	M
G	A	T	A	K	I	M	Y	I	L	D	I	Z	F	E	T
G	D	O	Q	I	R	L	G	S	I	N	D	T	Y	N	U
F	A	V	O	N	R	E	P	Ü	S	O	K	V	E	C	A
M	E	T	E	O	R	G	T	E	L	E	S	K	O	P	Y
U	R	O	J	V	H	M	G	Ü	N	E	Ş	Q	H	I	U

ASTRONOT
ASTRONOM
GÖKYÜZÜ
TAKIMYILDIZ
TUTULMA
EKİNOKS
ROKET
GÖKADA
AY
METEOR
BULUTSU
RASATHANE
GEZEGEN
RADYASYON
UYDU
GÜNEŞ
SÜPERNOVA
TOPRAK
TELESKOP
EVREN

14 - Physique

Z	R	M	E	M	K	O	G	E	G	L	G	H	P	H	A
A	T	O	M	I	Z	D	Ö	L	Ü	M	R	O	F	I	M
G	İ	M	İ	K	E	Ç	R	E	Y	Y	K	T	J	Z	E
S	I	K	L	I	K	T	E	K	I	Z	E	J	F	L	L
E	M	K	G	Y	F	M	L	T	Q	H	Z	O	N	A	P
B	R	A	A	R	Q	O	I	R	Y	R	F	Z	T	N	H
K	D	R	N	O	A	T	L	O	S	K	U	S	Y	M	I
Y	I	K	T	Y	S	O	I	N	F	R	P	Q	R	A	L
A	Z	T	A	G	E	R	K	E	V	R	E	N	S	E	L
H	I	Z	L	F	K	T	L	N	Ü	K	L	E	E	R	Ü
H	B	E	C	E	M	K	İ	Y	O	Ğ	U	N	L	U	K
K	I	M	Y	A	S	A	L	Z	S	Z	T	Q	F	Z	İ
M	O	L	E	K	Ü	L	J	C	M	Y	S	B	A	T	T
M	N	B	A	U	S	Q	K	İ	N	A	K	E	M	Y	R
Z	M	H	O	I	Q	G	Y	V	E	D	R	M	U	P	A
H	R	N	T	L	H	H	L	N	Z	U	Z	K	E	D	P

HIZLANMA
ATOM
KAOS
KIMYASAL
YOĞUNLUK
ELEKTRON
FORMÜL
SIKLIK
GAZ
YERÇEKİMİ
MANYETİZMA
KITLE
MEKANİK
MOLEKÜL
MOTOR
NÜKLEER
PARTİKÜL
GÖRELILIK
EVRENSEL
HIZ

15 - Types de Cheveux

U	G	S	P	H	S	N	A	I	Z	S	S	E	K	R	N
Z	Ü	R	K	T	A	C	E	B	E	Y	A	Z	A	C	Y
U	M	O	U	O	Ğ	T	Q	V	V	T	U	V	L	A	K
N	Ü	C	R	E	L	E	K	İ	L	K	N	E	R	L	I
Y	Ş	D	H	L	I	G	N	E	R	E	V	H	A	K	S
Z	U	F	R	Q	K	H	J	R	H	G	C	B	P	I	A
L	A	M	N	I	L	A	K	U	R	U	P	A	C	C	Y
U	G	H	U	N	I	Ş	I	R	A	S	E	H	P	R	Z
D	V	E	S	Ş	D	A	L	G	A	L	I	I	R	I	Q
M	J	D	R	Y	A	Ö	R	G	Ü	L	Ü	N	Y	V	J
G	U	Q	U	S	U	K	M	R	I	I	U	C	Z	I	Q
Q	K	D	B	F	I	D	H	I	Q	G	F	E	D	K	I
A	H	D	I	Q	I	Y	Q	H	F	R	Q	J	A	L	D
G	M	G	N	S	S	R	A	G	H	S	H	Z	B	H	Q
A	Z	N	T	U	D	Z	Q	H	Ö	R	G	Ü	O	K	G
P	E	O	D	O	C	K	M	U	H	Q	R	E	M	I	F

GÜMÜŞ
BEYAZ
SARIŞIN
PARLAK
KEL
RENKLİ
KISA
YUMUŞAK
KALIN
KIVIRCIK

GRİ
UZUN
KAHVERENGI
INCE
SIYAH
DALGALI
SAĞLIKLI
KURU
ÖRGÜ
ÖRGÜLÜ

16 - Archéologie

Z	F	O	S	İ	L	F	H	B	T	M	T	R	M	D	A
B	I	L	I	N	M	E	Y	E	N	A	Q	P	Q	E	E
U	I	T	K	Z	Y	K	S	L	O	A	K	S	Ş	Ğ	I
K	U	T	A	A	E	Y	N	A	Q	D	F	I	U	E	O
D	Q	G	N	R	E	L	K	İ	M	E	K	A	M	R	Y
U	N	M	I	V	A	G	I	Z	E	M	M	Y	L	L	T
Z	U	H	P	M	T	Ş	J	M	D	F	R	J	U	E	V
N	P	E	A	Z	O	F	T	Q	Ö	E	E	F	T	N	N
Y	S	E	T	S	I	T	N	I	L	A	K	V	U	D	J
B	V	L	Z	S	Q	E	A	L	R	B	E	J	N	I	A
P	Q	P	I	F	N	H	Ç	V	Z	M	C	R	U	R	E
U	R	Ö	S	E	F	O	R	P	A	R	A	Z	E	M	T
Y	Z	R	R	N	A	N	A	L	I	Z	R	C	K	E	H
F	Y	M	M	S	M	L	P	Y	T	Ç	A	Ğ	I	Y	Q
S	T	O	A	E	A	E	J	F	E	H	D	H	I	Q	T
T	E	Y	I	N	E	D	E	M	F	H	P	F	M	U	C

ANALIZ
ARAŞTIRMACI
MEDENIYET
DÖL
UZMAN
ÇAĞ
TAKIM
DEĞERLENDIRME
FOSİL
PARÇA
BILINMEYEN
GIZEM
NESNE
KEMİKLER
UNUTULMUŞ
PROFESÖR
KALINTI
TAPINAK
MEZAR

17 - Mammifères

J	P	E	U	Y	V	A	D	N	U	E	K	B	M	R	A
C	I	N	L	A	S	U	Y	M	U	V	N	J	A	O	Z
Y	U	Q	O	A	V	D	Z	L	U	Q	N	P	Y	L	D
U	O	H	D	Y	Y	R	Y	G	O	R	İ	L	M	L	U
K	P	J	Q	A	A	B	V	H	T	Z	I	R	U	D	T
G	E	R	G	S	M	O	H	J	C	K	S	U	N	U	Y
T	J	D	R	L	Z	Ğ	U	A	D	H	F	I	L	N	S
İ	B	J	İ	A	N	A	Ş	V	A	T	S	L	Q	H	E
L	B	F	Y	N	A	Q	F	G	B	U	K	A	Z	I	H
K	E	P	Ö	K	L	S	I	A	U	T	B	N	E	D	R
İ	C	G	K	P	P	A	O	A	R	B	O	D	B	K	L
V	I	J	O	U	A	K	O	G	U	Ü	A	I	R	C	E
Ç	A	K	A	L	K	O	S	U	G	F	Z	L	A	O	N
C	S	F	P	Q	L	Y	Z	K	N	M	Z	T	I	P	F
A	Y	I	U	Q	M	U	K	O	A	T	I	Z	Q	N	F
K	U	R	T	H	J	N	N	O	K	F	C	M	R	E	A

BALINA
KEDİ
AT
KÖPEK
ÇAKAL
YUNUS
FIL
ZÜRAFA
GORİL
KANGURU
TAVŞAN
ASLAN
KURT
KOYUN
AYI
TİLKİ
MAYMUN
BOĞA
KAPLAN
ZEBRA

18 - Chocolat

V	I	D	R	G	V	Y	N	R	Z	Y	L	U	L	U	T
L	R	J	E	A	I	L	T	E	Z	Z	E	L	E	L	O
L	I	Y	K	U	O	Ç	F	O	L	T	M	Y	Z	T	Z
P	F	F	E	A	S	V	E	T	I	L	A	K	Z	A	F
K	A	U	Ş	R	L	J	R	R	C	L	R	J	E	T	T
D	V	M	B	B	B	O	G	V	I	C	A	F	T	L	F
Y	O	H	A	U	K	D	R	F	G	K	K	N	A	I	Q
E	R	B	D	V	N	A	D	İ	S	K	O	İ	T	N	A
Z	I	O	F	Q	Q	O	U	A	O	E	E	N	P	K	G
M	V	M	E	L	Z	Ö	L	Q	A	R	C	R	I	G	T
L	S	L	G	J	J	J	U	R	U	J	A	T	E	F	E
O	H	S	Z	T	L	G	K	B	F	D	C	M	Z	H	I
L	C	T	O	A	P	E	T	G	K	A	K	A	O	V	Y
B	H	P	T	T	Z	A	N	A	A	T	M	H	Z	R	R
Q	V	Q	I	U	F	R	O	R	G	U	F	D	O	Z	A
U	T	E	K	Y	M	O	B	U	G	K	G	A	Y	E	O

ACI
ANTİOKSİDAN
AROMA
ZANAAT
KAKAO
KALORİ
KARAMEL
LEZZETLI
TATLI
ÖZLEM
EGZOTIK
FAVORI
TAT
IÇERIK
TOZ
KALITE
LEZZET
ŞEKER

19 - Mathématiques

U	D	D	Y	I	G	H	H	A	R	Ç	H	J	K	T	Z
Q	F	Z	A	O	P	Z	Y	R	Ç	N	E	G	K	O	Ç
C	L	İ	R	T	E	M	İ	S	O	I	U	V	A	N	Z
O	B	N	I	O	M	D	N	V	P	B	L	N	R	D	U
Ç	A	P	Ç	K	A	R	E	B	E	T	B	A	Z	E	B
S	M	A	A	C	L	D	G	D	H	K	A	S	R	G	K
Z	J	Z	P	Y	P	G	Ç	T	U	Ş	O	K	D	C	V
L	R	B	H	H	O	M	Ü	N	T	I	N	İ	I	Y	V
G	E	O	M	E	T	R	İ	Y	E	Ü	D	T	K	O	T
Y	F	R	K	E	V	A	H	I	D	S	A	E	D	F	S
D	I	I	M	Z	L	M	P	S	R	S	L	M	Ö	V	F
K	E	S	I	R	K	K	L	Y	D	T	I	T	R	R	V
H	Z	K	C	H	Ü	N	N	C	O	A	K	İ	T	J	F
I	V	C	A	C	R	A	J	E	R	H	F	R	G	D	C
K	Z	J	H	F	E	P	J	D	D	Y	K	A	E	B	A
P	A	R	A	L	E	L	K	E	N	A	R	I	N	I	G

AÇILAR
ARİTMETİK
KARE
ONDALIK
ÇAP
ÜS
DENKLEM
KESIR
GEOMETRİ
KOŞUT

PARALELKENAR
ÇEVRE
ÇOKGEN
YARIÇAP
DIKDÖRTGEN
TOPLAM
KÜRE
SİMETRİ
ÜÇGEN
HACIM

20 - Mythologie

K	Y	K	C	K	Y	S	I	N	T	I	K	A	M	C	T
I	A	I	A	Ü	K	I	A	O	L	S	N	E	U	U	D
S	R	M	M	L	A	V	L	V	C	A	I	S	Q	B	G
K	A	Z	P	T	H	U	P	D	A	A	L	U	D	C	S
A	T	N	F	Ü	R	G	V	G	I	Ş	N	A	R	T	G
N	I	H	Q	R	A	L	B	E	N	R	Ç	A	I	E	A
Ç	L	C	Ü	L	M	Ü	L	Ö	E	H	I	I	V	D	V
L	I	D	Z	J	A	K	U	V	V	E	T	M	F	A	J
I	Ş	H	V	T	N	E	R	İ	B	A	L	F	Z	O	R
K	N	U	M	U	N	E	E	B	Ü	Y	Ü	L	Ü	F	M
Z	O	T	Y	T	O	L	F	N	P	B	N	P	T	M	U
F	E	L	A	K	E	T	S	Y	O	H	I	O	J	O	R
P	Q	M	N	R	C	G	A	D	A	V	R	A	N	I	Ş
T	F	C	J	B	Q	T	N	H	O	D	M	K	G	J	R
U	U	H	K	F	E	T	E	K	I	N	A	N	Ç	E	Y
Ö	L	Ü	M	S	Ü	Z	L	Ü	K	I	T	A	R	A	Y

NUMUNE
FELAKET
DAVRANIŞ
YARATILIŞ
YARATIK
INANÇ
KÜLTÜR
YILDIRIM
KUVVET
SAVAŞÇI
KAHRAMAN
ÖLÜMSÜZLÜK
KISKANÇLIK
LABİRENT
EFSANE
BÜYÜLÜ
CANAVAR
ÖLÜMLÜ
INTIKAM

21 - Beauté

B	G	R	C	U	A	A	M	I	D	P	E	P	Q	Z	R
V	E	B	H	N	B	Y	Z	A	R	J	Z	O	Q	A	D
C	A	Z	I	B	E	N	H	A	S	O	K	B	B	R	Q
B	Z	F	E	Q	N	A	R	V	M	K	N	E	R	I	V
I	L	Ü	T	U	F	K	O	K	U	K	A	V	E	F	Z
B	B	C	S	R	M	A	K	A	S	I	Z	R	G	I	K
H	C	E	İ	Y	P	B	G	M	O	Ş	U	Q	A	F	Y
R	S	C	L	Q	A	V	H	V	F	A	P	I	Z	Y	G
L	K	Y	İ	E	J	Ğ	V	U	M	M	C	L	E	P	T
B	S	G	T	Q	S	T	L	I	C	P	V	S	B	E	M
J	U	R	S	A	R	L	T	A	C	U	F	C	V	J	Z
A	R	T	Z	J	T	E	F	A	R	A	Z	L	H	Z	V
Y	F	O	T	O	J	E	N	İ	K	N	K	O	G	B	U
K	O	Z	M	E	T	İ	K	D	A	V	C	G	P	P	U
A	Q	Y	P	F	P	C	L	Ü	A	J	R	Q	Y	P	R
M	H	N	D	Q	D	I	P	Z	E	L	B	Y	N	H	N

CAZIBE
MAKAS
KOZMETİK
RENK
ZARAFET
ZARIF
LÜTUF
YAĞLAR
DÜZ
MAKYAJ
MASKARA
AYNA
KOKU
CILT
FOTOJENİK
RUJ
ŞAMPUAN
STİLİST

22 - Avions

I	M	I	L	U	R	E	A	O	I	Q	I	T	O	C	Y
A	Z	N	O	L	A	B	T	I	K	A	Y	I	Z	V	A
H	M	I	P	D	K	U	M	J	M	C	U	G	G	Q	P
N	İ	Ş	O	Q	I	N	O	N	Ü	E	G	A	Z	K	I
K	F	D	H	B	M	O	S	J	R	T	B	K	H	L	Q
V	R	Y	R	Z	M	J	F	U	E	M	A	C	E	R	A
L	F	C	P	O	U	V	E	Y	T	Y	I	V	N	U	T
M	B	T	Z	H	J	C	R	M	T	Ü	T	R	A	D	Ü
J	K	A	U	T	F	E	V	O	E	K	L	L	V	H	R
T	L	Y	Ö	N	I	T	N	T	B	S	I	Q	R	Q	B
S	A	Y	O	L	C	U	R	O	A	E	P	P	E	D	Ü
K	N	R	P	İ	L	O	T	R	T	K	Y	Y	P	N	L
S	L	O	I	O	M	R	P	G	Y	L	P	G	U	C	A
U	J	V	M	H	U	Z	Q	B	I	I	I	V	D	S	N
D	Z	Z	L	D	H	Ü	Z	Ü	Y	K	Ö	G	U	P	S
Ş	İ	Ş	İ	R	M	E	K	H	Y	D	F	M	T	S	E

HAVA
RAKIM
ATMOSFER
MACERA
BALON
YAKIT
GÖKYÜZÜ
YAPI
INIŞ
YÖN
MÜRETTEBAT
ŞİŞİRMEK
YÜKSEKLIK
PERVANE
TARIH
HİDROJEN
MOTOR
YOLCU
PİLOT
TÜRBÜLANS

23 - Aventure

O	O	P	L	O	G	Y	L	G	F	N	N	U	A	Ş	H
P	Q	D	O	L	Ü	N	S	Ü	C	Ç	R	A	U	A	Z
T	H	U	T	A	Z	H	Z	Z	Y	N	V	O	V	Ş	O
I	Y	O	G	Ğ	E	U	T	E	Y	İ	N	M	E	I	R
G	M	I	Q	A	R	V	V	L	C	V	E	K	Y	R	L
P	B	Q	K	N	G	Z	B	L	O	E	P	H	K	T	U
F	J	D	D	D	A	O	C	I	M	S	S	C	I	I	K
D	O	Ğ	A	I	H	R	T	K	Q	V	P	A	L	C	L
Ş	A	G	T	Ş	J	L	R	E	F	E	S	S	R	I	A
O	A	Q	D	I	T	U	V	R	H	G	B	G	I	E	R
U	R	N	F	N	V	K	Z	P	B	L	Q	Z	Z	G	T
L	U	S	S	E	V	E	H	E	V	A	I	Z	A	Q	A
Z	E	E	E	Y	Y	E	S	K	A	D	V	K	H	Y	J
G	E	Z	I	R	O	H	E	D	E	F	Z	S	E	R	I
V	G	H	K	A	F	I	R	S	A	T	M	L	O	L	P
S	E	Y	A	H	A	T	L	E	R	F	R	T	Y	N	I

GÜZELLIK
CESARET
ŞANS
TEHLIKELI
HEDEF
ZORLUKLAR
ZORLUK
HEVES
GEZI
OLAĞAN DIŞI
GÜZERGAH
SEVİNÇ
DOĞA
SEFER
YENI
FIRSAT
HAZIRLIK
EMNİYET
ŞAŞIRTICI
SEYAHATLER

24 - Ville

O	K	Y	Z	T	E	K	R	A	M	R	E	P	Ü	S	M
T	İ	Y	A	T	R	O	Ü	F	L	R	G	K	P	D	T
R	G	B	K	I	J	V	S	T	D	D	G	D	Q	E	O
E	P	E	N	Z	O	O	B	A	Ü	G	A	L	E	R	İ
S	D	B	A	M	E	N	İ	S	L	P	K	V	Z	O	F
T	O	E	B	C	H	L	I	U	Q	O	H	K	Ü	C	I
O	H	A	V	A	L	İ	M	A	N	I	N	A	M	T	R
R	T	P	N	Z	E	Ç	İ	Ç	E	K	Ç	İ	N	Z	I
A	S	A	G	D	T	V	V	T	T	İ	M	Q	I	E	N
N	I	Z	H	M	O	D	H	Q	K	N	C	J	J	N	H
O	S	A	F	K	I	Ç	P	A	T	İ	K	Y	F	A	Q
V	K	R	Z	V	K	R	F	C	M	L	O	A	G	Z	A
B	M	U	Y	D	A	T	S	B	Q	K	F	T	Z	C	Z
L	L	Y	L	Ü	N	I	V	E	R	S	I	T	E	E	F
K	S	D	G	V	Q	T	L	Z	Y	T	Q	S	Z	D	M
J	N	P	T	Q	V	C	S	R	H	B	U	E	L	S	D

HAVALİMANI
BANKA
KÜTÜPHANE
FIRIN
SİNEMA
KLİNİK
OKUL
ÇİÇEKÇİ
GALERİ
OTEL
KİTAPÇI
PAZAR
MÜZE
ECZANE
RESTORAN
SALON
STADYUM
SÜPERMARKET
TİYATRO
ÜNIVERSITE

25 - Ingénierie

D	İ	Y	A	G	R	A	M	A	P	Q	S	E	B	A	T
M	S	B	A	O	T	K	P	S	T	S	D	M	T	B	D
K	A	N	G	H	H	E	H	Z	R	A	E	N	A	N	D
H	O	Z	R	B	V	J	O	O	Y	Z	R	Ü	I	Ç	A
Y	S	I	O	B	Y	V	D	E	M	R	I	T	I	R	Ğ
N	I	V	T	T	Q	O	N	R	Z	F	N	R	D	V	I
J	V	D	O	Q	M	S	R	H	M	K	L	Ü	E	U	T
E	I	L	M	K	U	V	V	E	T	O	I	S	P	O	I
N	C	Z	A	Y	N	R	B	U	B	L	K	I	A	T	M
E	N	I	K	Q	I	O	O	G	U	D	F	F	N	E	C
R	H	S	İ	K	I	K	C	T	P	T	I	L	E	K	A
J	Ö	M	N	G	G	E	A	M	A	L	P	A	S	E	H
I	L	L	E	M	F	T	Q	P	Ç	S	A	V	K	R	Q
D	J	T	Ç	S	P	C	C	F	D	O	Y	G	E	A	U
L	J	N	C	Ü	H	S	F	B	K	B	C	O	B	H	U
C	T	N	T	B	M	B	D	U	F	E	R	Q	N	M	F

AÇI
EKSEN
HESAPLAMA
DİYAGRAM
ÇAP
MAZOT
DAĞITIM
ENERJI
KUVVET
SÜRTÜNME
KOL
SIVI
MAKİNE
ÖLÇÜM
MOTOR
HAREKET
DERINLIK
ROTASYON
SEBAT
YAPI

26 - Énergie

R	L	G	Q	M	Q	Z	E	Q	E	E	R	N	T	I	Y
H	S	Ü	K	U	B	K	G	D	L	N	Ü	Ü	S	D	I
B	N	N	Y	C	H	Y	N	U	D	D	Z	K	U	Z	B
L	L	E	U	U	U	R	N	A	P	Ü	G	L	Y	K	E
G	V	Ş	F	A	E	V	A	O	H	S	A	E	F	S	N
B	A	Q	R	U	B	B	N	M	B	T	R	E	O	G	Z
O	J	F	A	D	B	M	Z	R	M	R	T	R	T	L	İ
T	L	M	D	O	P	D	H	D	E	I	A	R	O	Q	N
K	I	R	L	I	L	I	K	V	V	F	D	K	N	T	E
İ	P	O	R	T	N	E	R	V	E	Ç	A	V	O	T	J
R	Q	T	C	O	Y	İ	R	O	V	T	V	Y	R	N	O
T	Q	O	P	Z	O	A	B	L	P	K	G	H	T	Z	R
K	A	M	Y	A	K	U	K	R	H	U	P	Q	K	O	D
E	Z	U	K	M	T	Z	P	I	Ü	T	V	H	E	H	İ
L	I	S	I	I	R	D	T	E	T	T	Y	D	L	G	H
E	C	R	İ	L	İ	B	E	N	E	L	İ	N	E	Y	L

PIL
KARBON
YAKIT
ISI
MAZOT
ENTROPİ
ÇEVRE
BENZİN
ELEKTRİK
ELEKTRON
HİDROJEN
ENDÜSTRI
MOTOR
NÜKLEER
FOTON
KIRLILIK
YENİLENEBİLİR
GÜNEŞ
TÜRBİN
RÜZGAR

27 - Cuisine

V	P	Z	B	Q	B	M	U	J	T	A	S	I	F	L	Y
O	N	E	K	S	Z	U	C	U	R	U	D	N	O	D	G
N	Q	I	Ç	J	G	R	Z	M	Z	N	N	O	Q	H	Z
B	Z	K	M	E	E	O	L	D	Z	V	B	Z	Z	P	P
U	D	Q	I	V	T	A	R	L	O	P	N	M	L	Y	V
C	P	P	O	T	O	E	C	F	R	L	Z	V	E	R	B
F	K	T	R	E	G	N	Ü	S	K	N	A	Z	A	K	T
B	I	Ç	A	K	B	A	H	A	R	A	T	B	Q	A	K
V	H	J	L	L	Ü	K	F	D	U	N	K	I	I	Ş	E
I	A	A	L	U	S	L	S	I	T	G	Y	M	C	I	P
O	R	L	A	Z	V	T	N	G	N	J	I	Z	U	K	Ç
E	Ü	S	T	E	R	S	Q	Ö	F	I	R	I	N	Z	E
C	S	E	A	R	A	G	Z	I	Z	R	E	H	M	C	Z
N	Z	K	Ç	L	G	C	B	A	R	D	A	K	Z	P	N
D	P	C	K	A	V	A	N	O	Z	S	O	Z	T	I	S
R	P	F	Y	Q	R	P	T	T	R	S	L	H	O	R	P

TAS
KAZAN
DONDURUCU
BIÇAK
SÜRAHI
KAŞIK
BAHARAT
SÜNGER
FIRIN
ÇATALLAR
IZGARA
KEPÇE
GIDA
KAVANOZ
BUZDOLABI
PEÇETE
ÖNLÜK
BARDAK

28 - Corps Humain

O	V	G	Y	K	A	N	E	Z	K	H	D	V	L	V	N
D	O	I	R	T	D	P	J	C	V	F	K	O	T	O	F
P	O	V	Ş	U	Y	C	A	J	Z	K	S	E	Y	B	L
F	H	K	A	L	P	O	I	S	E	L	K	V	P	S	R
G	A	A	B	T	M	D	Ğ	C	R	G	M	D	Y	L	T
C	O	L	O	B	D	K	E	V	K	O	E	O	Q	S	A
H	L	U	S	M	I	L	L	G	S	G	Z	Q	F	O	D
O	B	K	C	Z	L	R	I	S	D	I	R	S	E	K	J
L	M	P	E	D	I	M	B	D	E	I	B	F	D	T	T
B	P	U	C	U	U	Ğ	K	E	L	S	V	Y	Ü	Z	G
O	D	K	Z	D	J	D	A	A	Y	A	N	T	M	G	O
Y	F	J	I	A	D	B	Y	Y	M	I	Ç	E	N	E	Z
U	U	L	D	K	T	L	A	C	T	G	N	U	R	U	B
N	P	A	R	M	A	K	B	I	U	R	C	T	V	E	O
U	H	A	D	F	G	S	J	L	A	V	Y	H	G	Q	I
B	D	Q	D	Z	O	O	F	T	A	J	A	Q	Y	O	U

AĞIZ
BEYIN
AYAK BILEĞI
BOYUN
DIRSEK
KALP
PARMAK
MIDE
OMUZ
DIZ
DIL
DUDAK
EL
ÇENE
BURUN
KULAK
CILT
KAN
BAŞ
YÜZ

29 - Biologie

M	B	H	S	R	V	M	B	M	F	O	E	T	Y	Y	K
İ	E	A	B	Y	O	G	E	Q	P	H	O	S	N	B	R
Z	Z	M	K	E	V	R	I	M	E	R	Ü	B	L	G	O
N	N	C	E	T	K	O	F	T	M	A	G	C	F	K	M
E	D	H	J	L	E	L	M	P	Q	M	Q	Q	R	Z	O
H	A	L	O	Y	İ	R	B	M	E	S	J	Z	P	E	Z
K	V	U	Y	H	F	S	İ	S	O	İ	B	M	Y	S	O
D	O	Ğ	A	L	O	K	C	O	Y	M	M	O	S	C	M
S	M	R	G	P	T	O	E	M	M	O	T	I	İ	L	K
Ü	P	I	G	N	O	L	Y	Z	D	T	G	B	N	A	K
R	R	E	N	V	S	A	H	O	R	A	H	Z	A	O	S
Ü	O	E	A	V	E	J	O	R	I	N	I	S	P	V	A
N	T	O	E	A	N	E	R	B	T	A	I	B	S	C	S
G	E	H	L	C	T	N	M	M	U	T	A	S	Y	O	N
E	İ	U	E	H	E	R	O	N	Ö	R	O	N	F	F	M
N	N	Y	E	N	Z	Y	N	K	A	V	R	D	Z	J	I

ANATOMİ
BAKTERİ
HÜCRE
KROMOZOM
KOLAJEN
EMBRİYO
ENZİM
EVRIM
HORMON
MEMELİ
MUTASYON
DOĞAL
SINIR
NÖRON
OZMOS
FOTOSENTEZ
PROTEİN
SÜRÜNGEN
SYMBİOSİS
SİNAPS

30 - Épices

K	N	J	İ	R	Ö	K	J	D	C	D	J	Z	B	M	F
N	I	C	A	T	E	L	U	K	A	K	U	N	L	E	P
T	Ç	R	M	P	U	Z	D	V	E	B	D	Z	P	Y	Z
S	R	L	M	J	I	K	E	C	E	V	İ	Z	L	A	Z
C	A	I	U	I	O	S	T	N	O	Y	M	İ	K	N	V
Q	T	F	O	E	Z	C	O	A	E	E	M	A	Z	O	R
B	C	E	B	V	B	I	F	Ğ	R	H	R	A	J	S	P
K	L	C	I	M	S	O	B	Ş	A	F	U	E	C	A	I
Q	T	N	P	K	S	R	E	İ	S	N	P	K	F	N	R
L	F	E	V	A	J	G	K	N	B	R	Q	Ş	P	A	K
L	E	Z	Z	E	T	E	H	Ş	B	E	U	I	V	F	Z
S	A	R	I	M	S	A	K	İ	B	B	R	M	V	I	Q
V	A	N	İ	L	Y	A	C	K	I	L	Z	D	L	Q	B
A	H	V	Z	I	O	L	E	T	B	R	H	C	Y	F	Y
G	G	B	D	O	P	R	D	U	E	H	B	M	Z	Z	S
S	A	F	R	A	N	D	T	Z	R	S	B	R	N	M	S

EKŞI
SARIMSAK
ACI
ANASON
TARÇIN
KAKULE
KİŞNİŞ
KİMYON
KÖRİ
REZENE

ZENCEFIL
CEVİZ
SOĞAN
KIRMIZI BİBER
BIBER
MEYAN
SAFRAN
LEZZET
TUZ
VANİLYA

31 - Agronomie

A	E	R	O	Z	Y	O	N	B	S	J	B	Q	Ç	K	D
D	R	Y	C	T	D	E	N	F	U	K	I	K	E	S	S
I	A	A	L	H	O	R	K	A	R	P	O	T	V	K	J
G	L	Y	Ş	E	O	B	V	O	Z	Z	L	F	R	L	A
I	K	F	E	T	N	Ü	R	E	L	E	Z	B	E	S	C
M	I	P	A	Y	I	G	Z	K	B	O	P	R	M	U	G
M	L	N	E	H	Y	R	T	İ	I	O	J	U	Ü	J	I
M	A	H	I	U	O	O	M	N	L	K	R	İ	Y	S	G
U	T	K	I	R	S	A	L	A	I	U	L	P	Ü	P	K
N	S	E	E	M	R	O	B	G	M	M	D	M	B	Y	J
V	A	U	N	Z	Q	J	Z	R	I	A	H	E	B	M	M
P	H	A	T	E	D	C	S	O	R	K	D	S	H	M	I
Q	R	H	D	T	R	H	A	S	A	T	O	H	U	M	T
A	R	O	B	Q	F	J	R	N	T	K	J	P	H	K	F
V	E	T	Z	G	E	Q	I	K	I	R	L	I	L	I	K
Z	B	H	D	U	N	M	R	H	Q	V	M	T	M	Z	R

TARIM
BÜYÜME
SU
GÜBRE
ÇEVRE
EKOLOJİ
ENERJI
EROZYON
OKUMAK
TOHUM

SEBZELER
HASTALIKLAR
GIDA
ORGANİK
KIRLILIK
YAPIM
ARAŞTIRMA
KIRSAL
BILIM
TOPRAK

32 - Science

K	I	M	Y	A	S	A	L	R	C	G	V	U	Y	S	M
G	B	O	J	G	Z	Z	C	A	K	B	D	D	E	N	İ
Z	Y	T	T	E	V	M	M	L	İ	S	O	F	R	R	N
K	C	A	G	E	R	Ç	E	K	V	E	R	I	Ç	A	E
M	O	L	E	K	Ü	L	B	I	İ	F	V	R	E	V	R
M	S	S	E	B	H	H	F	C	V	Z	F	O	K	U	A
S	A	Y	I	İ	Q	C	V	A	N	A	İ	V	İ	T	L
A	A	V	Q	T	G	I	U	Ç	J	O	B	F	M	A	L
S	H	F	L	K	O	L	R	R	G	F	D	F	İ	R	E
I	H	P	K	İ	H	U	C	A	E	F	I	O	M	O	R
P	K	O	T	L	I	F	Q	P	R	M	E	S	Ğ	B	P
V	A	L	Z	E	P	D	E	N	E	Y	L	E	M	A	P
I	M	Z	I	R	O	Y	Ö	N	T	E	M	V	J	L	L
S	P	I	E	M	T	N	C	J	L	E	H	R	C	K	U
R	J	M	J	M	E	L	Z	Ö	G	F	T	I	N	P	K
I	U	F	A	M	Z	İ	N	A	G	R	O	M	Z	C	F

ATOM
KIMYASAL
IKLIM
VERI
DENEY
EVRIM
GERÇEK
FOSİL
YERÇEKİMİ
HIPOTEZ
LABORATUVAR
YÖNTEM
MİNERALLER
MOLEKÜL
DOĞA
GÖZLEM
ORGANİZMA
PARÇACIKLAR
FİZİK
BİTKİLER

33 - Vêtements

Ş	D	E	Y	L	O	K	K	E	T	E	K	T	E	S	D
A	C	G	L	J	L	L	F	O	B	I	L	E	Z	I	K
P	V	Ö	R	D	T	E	V	G	T	J	J	Y	U	Q	F
K	P	M	A	Q	I	F	G	G	S	J	P	A	L	H	A
A	P	L	Q	F	R	V	Q	N	G	Y	E	G	B	J	F
G	K	E	S	I	B	L	E	S	A	N	D	A	L	E	T
A	E	K	O	T	I	T	T	N	H	C	K	M	D	I	E
G	B	B	A	M	A	J	İ	P	L	E	C	R	R	F	Ş
M	Ö	Y	D	Z	J	D	R	O	I	E	S	T	V	J	A
Z	N	G	V	P	A	D	O	M	E	R	R	I	G	D	R
E	L	T	A	K	I	K	A	Y	A	K	K	A	B	I	P
H	Ü	E	V	N	F	A	H	K	O	H	V	R	D	M	C
Z	K	K	T	V	K	H	L	E	V	R	Q	T	I	C	Q
N	P	E	Q	R	F	L	P	M	K	I	R	D	H	R	G
Q	O	C	J	H	R	I	V	E	P	E	A	S	G	N	R
P	A	N	T	O	L	O	N	R	C	H	K	F	K	A	Y

TAKI
BILEZIK
KEMER
ŞAPKA
AYAKKABI
GÖMLEK
BLUZ
KOLYE
EŞARP
ELDIVENLER
KOT
ETEK
MODA
PANTOLON
KAZAK
PİJAMA
ELBISE
SANDALET
ÖNLÜK
CEKET

34 - Méditation

D	N	V	J	O	K	O	L	B	P	I	Y	N	C	T	D
U	E	N	E	T	A	G	A	M	E	O	D	M	G	Y	G
Y	Z	V	Y	F	B	G	R	Ü	R	D	U	R	U	Ş	S
G	A	M	E	M	U	I	P	Z	S	E	Z	L	D	C	A
U	K	P	E	E	L	U	P	I	P	G	Ö	Z	L	E	M
L	E	P	D	R	A	T	E	K	E	R	A	H	A	L	L
A	T	Y	I	H	N	K	I	L	K	I	Ç	A	R	D	A
R	G	V	D	A	D	Z	I	K	T	L	S	U	U	M	S
J	M	I	L	M	P	M	S	L	I	O	S	M	S	S	E
D	O	A	R	E	V	F	L	U	F	P	Q	J	U	P	F
D	O	Ğ	A	T	N	H	O	A	Y	N	A	N	I	D	E
Z	İ	H	İ	N	S	E	L	L	Y	A	A	G	D	M	N
S	E	S	S	I	Z	L	I	K	K	P	N	I	K	A	S
M	I	N	N	E	T	T	A	R	L	I	K	I	C	A	P
D	F	Q	G	F	O	S	D	B	A	R	I	Ş	K	E	N
A	L	I	Ş	K	A	N	L	I	K	L	A	R	M	Q	B

KABUL
SAKIN
AÇIKLIK
MERHAMET
AKIL
DUYGULAR
UYANIK
NEZAKET
MINNETTARLIK
ALIŞKANLIKLAR
ZİHİNSEL
HAREKET
MÜZIK
DOĞA
GÖZLEM
BARIŞ
PERSPEKTIF
DURUŞ
NEFES ALMA
SESSIZLIK

35 - Littérature

T	Z	R	A	T	Ş	S	O	R	J	H	P	L	K	K	R
O	A	M	E	T	İ	Y	R	R	Q	M	F	C	U	A	O
D	C	N	Y	M	İ	D	I	H	P	Y	U	G	R	R	M
K	E	S	I	D	R	D	İ	Y	A	L	O	G	G	Ş	A
E	M	I	F	M	S	G	J	R	E	M	I	T	U	I	N
N	L	N	A	L	E	F	O	Z	I	O	L	R	I	L	B
A	V	L	K	D	L	I	L	T	K	B	N	A	M	A	İ
R	H	Y	G	S	P	L	A	N	P	G	Y	J	Z	Ş	Y
G	Y	T	C	G	B	H	N	A	A	J	O	E	Z	T	O
R	A	Z	A	Y	T	T	A	V	F	N	V	D	P	I	G
I	İ	A	N	L	A	T	I	C	I	M	A	İ	N	R	R
I	A	T	N	E	C	D	Y	I	K	M	S	L	R	M	A
Ş	S	C	İ	E	C	P	E	N	F	E	D	Z	I	A	F
N	Y	C	G	M	E	C	M	N	Y	V	A	N	P	Z	İ
R	H	D	I	L	S	O	N	U	Ç	Y	L	D	O	D	Y
K	J	S	G	O	U	L	K	J	E	Q	Z	A	O	V	Z

ANALOJİ
ANALIZ
ANEKDOT
YAZAR
BİYOGRAFİ
KARŞILAŞTIRMA
SONUÇ
TANIM
DİYALOG
KURGU
MECAZ
ANLATICI
ŞIIR
ŞİIRSEL
KAFIYE
ROMAN
RİTİM
TARZ
TEMA
TRAJEDİ

36 - Nourriture #1

Y	E	Ş	O	Y	E	U	V	H	K	I	B	I	K	H	G
O	T	Z	E	Z	Z	T	M	Z	M	N	S	G	A	F	Q
C	T	H	M	K	A	N	A	P	S	I	Ü	A	H	R	V
B	A	L	I	K	E	U	G	A	Y	Ç	T	D	V	R	L
K	T	H	C	F	Q	R	L	M	T	R	L	V	E	O	B
N	A	Ğ	O	S	O	B	A	H	D	A	N	J	P	M	A
C	L	E	L	U	D	K	Ş	Q	A	T	G	H	A	E	R
S	A	R	I	M	S	A	K	Ç	N	V	U	N	R	Y	M
Z	S	I	N	S	M	S	C	T	O	Z	U	T	P	V	U
Y	A	P	U	H	L	O	L	E	M	R	I	Ç	A	E	T
N	Z	H	C	C	D	S	G	F	İ	B	B	O	F	S	J
M	D	O	O	D	E	E	R	E	L	H	Y	A	I	U	M
D	Ç	İ	L	E	K	D	C	M	Z	I	C	P	P	Y	F
H	K	F	G	A	Y	B	M	L	L	T	A	V	T	U	F
T	P	Q	E	P	V	R	E	F	E	S	L	E	Ğ	E	N
B	A	F	V	B	U	K	A	O	Q	U	G	I	U	P	E

SARIMSAK
FESLEĞEN
KAHVE
TARÇIN
HAVUÇ
LİMON
ISPANAK
ÇİLEK
MEYVE SUYU
SÜT

ŞALGAM
SOĞAN
ARPA
ARMUT
SALATA
TUZ
ÇORBA
ŞEKER
BALIK
ET

37 - Jours et Mois

P	T	F	B	A	Y	L	U	U	B	R	T	S	R	R	C
S	A	M	U	C	T	O	A	C	U	I	A	F	L	D	U
H	E	Z	U	Y	B	E	B	M	E	Ş	R	E	P	N	M
A	G	Y	A	K	L	E	M	Ş	U	B	A	T	F	G	A
Z	V	R	L	R	A	Q	D	M	I	V	K	A	T	M	R
I	B	M	Ü	A	T	F	A	H	U	V	D	G	A	A	T
R	O	C	L	Z	C	E	C	D	Q	Z	F	S	J	R	E
A	C	A	Y	A	Y	Y	S	O	T	S	U	Ğ	A	T	S
N	A	K	E	P	Z	I	M	I	K	E	V	V	P	O	I
K	K	K	G	M	I	N	S	A	L	I	K	A	S	I	M
N	L	I	H	U	K	N	I	Ç	A	R	Ş	A	M	B	A
B	S	Q	P	U	B	C	U	S	R	Y	M	T	M	L	I
T	B	N	Z	S	Y	B	K	L	A	Q	C	E	Y	P	G
M	T	Y	D	H	J	K	B	J	I	N	S	I	P	H	F
F	A	T	Z	S	A	Y	Z	U	V	A	P	D	P	G	S
N	R	L	K	V	F	U	C	O	K	Q	D	M	A	U	P

AĞUSTOS
NISAN
TAKVIM
PAZAR
ŞUBAT
OCAK
PERŞEMBE
TEMMUZ
HAZIRAN
PAZARTESI
SALI
MART
ÇARŞAMBA
AY
KASIM
EKIM
CUMARTESI
HAFTA
EYLÜL
CUMA

38 - Jardinage

O	V	T	U	A	M	N	K	A	R	P	O	T	H	V	G
N	J	M	T	S	R	F	E	O	M	P	M	N	N	T	K
H	G	E	E	J	I	G	Ç	H	N	S	U	K	V	Z	C
K	H	N	K	V	A	K	İ	N	A	T	O	B	L	N	R
I	O	D	U	Z	S	C	Ç	A	O	R	E	Ç	H	A	B
T	J	M	B	D	J	İ	K	R	G	E	F	Y	D	T	N
O	V	U	P	E	B	N	M	I	E	C	R	Y	N	H	O
Z	A	T	A	O	U	E	S	L	T	O	H	U	M	E	J
G	R	R	Z	C	S	R	U	I	İ	N	L	U	C	R	R
E	Q	O	B	A	D	T	P	B	O	K	A	R	P	A	Y
C	Y	H	I	K	L	I	M	E	I	F	G	Q	E	H	N
N	P	Q	R	J	F	K	İ	L	L	İ	Ş	E	Y	C	U
Q	K	F	Q	C	H	C	U	I	H	G	U	F	C	Z	Y
M	I	R	S	M	R	I	D	N	A	R	U	A	J	M	V
L	R	P	F	B	M	Z	A	E	H	Y	G	K	D	G	T
A	Y	S	Q	B	T	K	I	Y	A	U	N	E	V	J	R

BOTANİK
BUKET
IKLIM
YENILEBILIR
KOMPOST
SU
EGZOTIK
YEŞİLLİK
YAPRAK
ÇİÇEK
TOHUM
NEM
KONTEYNER
MEVSİMLİK
KIR
TOPRAK
HORTUM
BAHÇE

39 - Entreprise

K	M	E	L	Ş	I	A	K	I	R	B	A	F	D	M	M
R	A	A	E	A	D	C	S	Ş	M	I	R	I	D	N	I
I	H	R	L	A	M	V	F	V	N	Q	L	T	K	P	R
R	T	A	I	I	Y	J	I	E	A	T	D	E	İ	A	I
Y	C	P	H	Y	Y	D	S	R	R	J	N	K	G	R	T
K	J	M	Q	O	E	E	F	E	O	K	H	R	R	A	A
D	Ü	K	K	A	N	R	T	N	A	O	O	I	E	B	Y
N	K	N	F	Ç	A	L	I	Ş	A	N	S	Ş	V	İ	S
Z	P	I	Z	M	E	K	O	N	O	M	İ	B	R	R	U
K	R	P	Q	R	Q	O	P	K	G	K	E	A	R	İ	B
L	P	M	B	R	L	K	M	S	J	Â	E	A	D	M	U
Z	M	H	U	B	J	H	M	C	H	R	O	U	Q	İ	E
Q	B	I	S	Q	P	C	S	I	O	E	J	O	F	K	O
S	A	T	I	Ş	S	F	R	N	Q	B	Ü	T	Ç	E	F
N	F	E	D	N	N	Z	P	L	L	J	U	L	G	M	İ
C	Y	Z	K	P	J	D	I	K	L	O	Y	G	V	N	S

PARA
DÜKKAN
BÜTÇE
OFİS
KARIYER
MALIYET
PARA BİRİMİ
IŞVEREN
ÇALIŞAN
ŞIRKET
EKONOMİ
VERGİ
YATIRIM
MAL
KÂR
GELIR
INDIRIM
IŞLEM
FABRIKA
SATIŞ

40 - Activités

B	O	Y	A	M	A	U	V	P	Z	V	B	J	K	B	B
B	U	L	M	A	C	A	L	A	R	V	R	N	A	A	A
A	Z	V	I	B	M	P	S	T	O	I	L	Q	N	L	H
V	K	İ	M	A	R	E	S	R	O	P	F	C	G	I	Ç
C	I	R	E	C	E	B	R	D	S	A	N	A	T	K	I
I	L	C	D	T	M	P	B	İ	I	P	Y	Z	K	Ç	V
L	I	H	U	I	R	L	Y	K	D	A	U	U	E	I	A
I	Ç	L	S	F	Ö	P	K	İ	Z	U	Y	R	C	L	N
K	F	G	N	O	P	R	L	Ş	A	E	M	Y	S	I	L
R	A	H	A	T	L	A	M	A	O	K	V	Y	I	K	I
Q	R	O	D	A	A	M	I	O	G	Y	F	K	H	S	K
Q	Ğ	Y	Ü	R	Ü	Y	Ü	Ş	K	K	U	T	I	M	T
T	O	H	J	Q	P	A	I	O	P	U	E	N	R	L	R
M	T	F	Y	E	I	M	A	B	L	H	M	H	L	A	E
N	O	B	U	E	G	J	N	H	F	R	V	A	Y	A	C
K	F	P	K	A	U	U	L	D	O	A	F	B	I	C	R

SANAT
SERAMİK
AVCILIK
BECERI
DİKİŞ
DANS
BAHÇIVANLIK
OYUNLAR
OKUMA
BOŞ
SIHIR
BOYAMA
BALIKÇILIK
FOTOĞRAFÇILIK
ZEVK
BULMACALAR
YÜRÜYÜŞ
RAHATLAMA
ÖRME

41 - Mode

S	H	S	T	T	P	R	A	T	I	K	R	B	H	B	E
C	I	M	L	L	P	K	G	L	G	İ	A	A	I	H	E
R	I	A	T	A	R	Z	D	A	N	T	E	L	H	Z	I
P	Z	J	R	U	R	K	T	I	E	U	M	I	C	A	I
K	A	D	E	S	E	N	Y	I	G	B	İ	S	J	T	T
S	V	H	Y	E	M	Ü	Ç	L	Ö	B	N	A	Z	Z	L
I	E	U	A	V	Q	O	G	I	B	Q	İ	K	P	J	C
V	T	D	R	L	D	V	D	Z	Y	L	M	N	F	E	P
T	Ü	U	O	F	I	K	Z	E	P	C	A	T	J	D	K
U	M	F	J	T	N	H	I	M	R	E	L	O	A	O	K
A	K	I	M	O	A	T	C	Ğ	I	N	İ	Q	F	K	A
H	D	R	R	A	K	C	D	Ü	Z	Z	S	M	J	U	C
G	M	A	A	V	I	U	M	D	N	U	T	B	A	V	H
Y	F	Z	F	V	Ş	A	M	U	K	I	Q	G	K	F	P
Z	D	M	U	G	Y	E	K	P	L	O	R	H	F	A	L
N	D	V	Y	M	Q	I	F	T	E	Q	R	M	Z	Y	G

BUTİK
DÜĞME
NAKIŞ
PAHALI
RAHAT
DANTEL
ZARIF
ÖLÇÜM
MİNİMALİST
MODERN
MÜTEVAZI
DESEN
ASIL
PRATIK
TARZ
AKIM
DOKU
KUMAŞ

42 - Fleurs

Ç	O	H	D	P	K	I	Y	A	K	A	Ş	Q	E	M	U
Q	A	L	F	O	U	K	A	Y	Y	Y	O	S	Y	M	Q
J	N	R	Y	N	A	N	T	Ç	A	N	C	Z	Q	T	E
O	N	Y	K	O	D	F	N	İ	S	E	G	U	R	S	N
P	L	F	A	I	N	R	A	Ç	E	D	İ	K	R	O	E
M	V	L	M	D	F	C	V	E	M	R	G	H	İ	T	R
F	Q	Z	Z	E	H	E	A	Ğ	İ	A	G	T	C	D	G
L	E	Y	L	A	K	L	L	İ	N	G	Ü	T	E	M	İ
P	A	P	A	T	Y	A	V	E	L	B	L	S	M	A	S
L	V	Z	E	J	J	L	Q	J	K	D	U	V	Ü	N	Y
M	A	N	O	L	Y	A	K	F	A	P	P	K	G	O	A
K	A	R	A	H	İ	N	D	İ	B	A	L	E	E	L	P
D	O	S	O	Q	U	Q	Y	Z	M	E	M	O	B	T	R
D	A	E	O	S	S	Y	Q	C	A	V	Z	N	E	H	A
N	T	G	F	M	N	C	J	A	Z	Z	S	V	D	G	K
H	A	Ş	H	A	Ş	L	Q	O	T	C	P	L	G	A	I

BUKET
GARDENYA
EBEGÜMECİ
YASEMİN
NERGİS
LAVANTA
LEYLAK
ZAMBAK
MANOLYA
PAPATYA
ORKİDE
ÇARKIFELEK
HAŞHAŞ
YAPRAK
KARAHİNDİBA
ŞAKAYIK
GÜL
AYÇİÇEĞİ
YONCA
LALE

43 - Nourriture #2

T	N	O	A	V	İ	I	J	O	Z	Q	Z	D	L	P	Q
B	A	M	U	Z	V	B	U	E	Q	I	T	H	N	I	S
D	A	V	O	L	İ	I	G	J	A	K	B	Z	F	Y	F
J	T	L	U	T	K	P	J	R	F	G	Q	A	F	U	F
C	A	B	I	K	I	R	K	V	L	Q	Q	K	U	I	B
Q	L	R	N	K	R	A	Q	P	K	Z	N	G	R	E	U
P	O	O	G	E	A	P	G	I	E	L	M	A	Y	E	Ğ
S	K	K	I	M	Z	U	S	R	A	T	N	A	M	L	D
F	İ	O	F	K	İ	F	T	I	N	O	B	M	A	J	A
Y	Ç	L	D	E	V	O	G	N	A	M	Q	Ü	G	K	Y
G	U	İ	F	P	E	V	Y	Ç	C	T	Z	Z	J	R	C
A	D	M	T	R	R	D	B	G	I	V	V	Ü	B	F	Y
O	R	S	U	S	E	T	V	O	L	M	Z	D	A	G	B
F	D	S	A	R	K	C	S	E	T	A	M	O	D	J	C
L	M	J	Z	U	T	F	R	N	A	Y	M	M	E	R	F
K	C	P	N	G	C	A	M	J	P	M	H	B	M	M	V

BADEM
PATLICAN
MUZ
BUĞDAY
BROKOLİ
KIRAZ
KEREVİZ
MANTAR
ÇİKOLATA
JAMBON
KİVİ
MANGO
YUMURTA
EKMEK
BALIK
ELMA
TAVUK
ÜZÜM
PIRINÇ
DOMATES

44 - Algèbre

U	Y	T	M	B	E	Z	R	G	A	A	P	Q	Y	Y	D
M	B	S	E	D	A	V	R	T	R	R	R	G	P	A	İ
A	A	Q	S	Z	U	S	N	O	S	A	B	N	O	N	Y
L	Ç	T	Q	L	Q	Ü	İ	A	R	M	F	H	Y	L	A
P	I	S	R	J	Z	L	S	T	Q	U	B	İ	L	I	G
O	K	I	K	İ	A	F	G	D	L	N	S	Z	K	Ş	R
T	A	F	E	H	S	E	N	O	Ü	E	O	G	N	M	A
O	R	I	S	P	F	U	J	Ğ	M	K	Ş	D	C	B	M
G	M	R	I	J	A	P	B	R	R	Ş	B	T	P	N	N
S	A	A	R	F	N	D	J	U	O	I	Z	Ç	İ	U	N
K	A	H	H	N	D	Z	K	S	F	Ğ	F	Ö	B	R	V
D	E	N	K	L	E	M	K	A	A	E	A	Z	T	O	V
B	F	E	A	I	T	F	O	L	C	D	K	Ü	P	S	L
H	K	O	T	A	U	H	N	R	I	J	T	M	F	K	T
S	T	J	U	R	L	M	Y	E	L	Q	Ö	M	D	S	C
P	A	R	A	N	T	E	Z	O	N	M	R	L	P	U	L

DİYAGRAM
ÜS
DENKLEM
FAKTÖR
YANLIŞ
FORMÜL
KESIR
GRAFİK
SONSUZ
DOĞRUSAL
MATRİS
NUMARA
PARANTEZ
SORUN
BASİTLEŞTİR
ÇÖZÜM
TOPLAM
ÇIKARMA
DEĞIŞKEN
SIFIR

45 - Océan

E	Q	F	E	M	P	G	N	E	C	E	G	D	J	R	N
R	B	Q	L	E	Y	D	İ	R	İ	T	S	İ	V	V	B
B	O	T	M	R	Y	E	N	G	E	Ç	U	E	I	K	F
C	H	J	S	C	U	L	H	E	B	A	N	I	L	A	B
I	Ğ	I	L	A	B	N	A	L	I	Y	U	Y	I	P	L
A	I	S	A	N	A	Z	İ	N	E	D	Y	O	Ğ	L	N
D	A	L	G	A	L	A	R	L	B	V	V	S	I	U	H
S	M	T	O	P	A	T	H	A	V	A	A	U	L	M	A
E	Ü	A	U	G	I	İ	E	F	N	U	L	N	A	B	H
D	Q	N	M	Z	O	G	H	O	I	N	T	I	B	A	U
İ	M	I	G	N	L	L	R	R	E	S	İ	F	K	Ğ	F
R	C	T	F	E	Q	E	S	T	D	Y	A	R	E	A	Y
A	K	R	V	B	R	G	J	E	B	V	G	A	P	H	C
K	Q	I	J	C	R	F	A	A	N	D	F	U	Ö	I	M
V	C	F	E	N	Y	E	N	Q	F	S	O	L	K	A	L
J	V	K	D	L	O	A	C	G	M	Q	Y	L	P	B	Z

YOSUN
YILAN BALIĞI
BALINA
BOT
MERCAN
YENGEÇ
KARİDES
YUNUS
SÜNGER
İSTİRİDYE

GELGİT
DENİZANASI
BALIK
AHTAPOT
KÖPEKBALIĞI
RESİF
TUZ
FIRTINA
KAPLUMBAĞA
DALGALAR

46 - Remplir

E	N	A	S	Y	A	R	C	K	H	A	V	Z	A	Ç	F
S	S	M	T	J	Z	V	Z	O	N	A	V	A	K	E	R
N	C	R	B	L	O	A	K	V	O	V	O	G	I	K	B
F	Q	K	F	I	Ç	I	M	A	T	N	A	Ç	D	M	I
Z	A	R	F	D	L	L	E	E	R	P	B	V	N	E	I
A	K	Q	K	R	H	G	P	T	A	D	A	S	A	C	P
K	L	A	S	Ö	R	A	H	C	K	A	P	K	S	E	V
C	S	D	E	Q	S	P	Q	L	N	R	O	E	E	M	M
E	M	J	L	B	A	A	H	T	Ü	P	J	A	P	T	H
P	L	H	J	I	F	U	N	J	A	E	I	N	K	H	U
K	J	V	A	Z	O	P	D	O	G	P	T	K	T	M	M
T	Q	M	N	N	D	G	M	G	S	B	A	G	O	U	E
T	E	P	S	I	B	A	V	U	L	E	P	M	K	I	D
N	Ş	V	F	S	J	F	U	T	D	O	P	Z	E	I	G
L	I	B	Ü	L	N	U	I	U	H	T	D	E	F	Z	T
A	Ş	K	I	K	F	L	I	K	K	K	N	I	T	F	R

KÜVET
FIÇI
HAVZA
KUTU
ŞIŞE
SANDIK
KARTON
KLASÖR
ZARF
SEPET
PAKET
TEPSI
CEP
KAVANOZ
ÇANTA
KOVA
ÇEKMECE
TÜP
BAVUL
VAZO

47 - Antiquités

K	P	Z	A	O	A	P	G	Y	C	A	J	N	M	Z	D
K	A	J	T	T	L	O	E	A	T	M	H	G	J	L	E
P	Z	U	J	A	R	Y	H	T	A	N	A	S	C	M	K
G	S	V	C	N	N	O	G	I	Y	Ü	Z	Y	I	L	O
O	A	T	H	T	O	G	S	R	I	V	M	S	Y	E	R
L	Q	L	G	I	R	Y	D	I	F	Ş	P	U	V	K	A
A	S	S	E	K	J	D	S	M	C	R	A	E	F	Y	T
Ğ	I	M	O	R	H	L	I	A	U	Z	V	R	O	E	İ
A	F	O	C	T	İ	L	F	B	R	C	M	J	T	H	F
N	D	B	Z	A	R	I	F	U	K	O	S	İ	K	K	E
D	K	I	R	A	C	N	T	T	A	A	T	C	Z	G	G
I	L	L	A	G	J	P	H	N	L	C	H	S	I	T	H
Ş	C	Y	T	H	D	I	U	D	I	F	V	Y	E	Z	Z
I	K	A	T	D	E	Ğ	E	R	T	Y	A	Ş	D	R	H
I	Z	P	R	D	U	T	Y	H	E	J	P	E	B	B	F
S	L	E	J	B	S	M	K	J	L	N	D	Q	U	I	K

SANAT
OTANTIK
TAKI
ŞART
DEKORATİF
ZARIF
GALERİ
OLAĞAN DIŞI
YATIRIM
MOBILYA

SİKKE
FIYAT
KALITE
RESTORASYON
HEYKEL
YÜZYIL
TARZ
DEĞER
YAŞ

48 - Boxe

Ç	E	N	E	E	A	P	N	K	M	T	F	I	U	G	R
C	Ş	F	G	T	E	A	Y	U	D	Q	I	L	B	V	A
Y	Ö	D	G	M	B	H	K	R	D	H	A	L	A	T	K
Z	K	A	L	M	C	O	I	T	Y	Q	O	O	B	J	I
I	Ç	Ş	A	V	A	S	O	A	L	K	O	T	F	I	P
L	I	C	D	Z	V	U	T	R	D	U	I	E	G	Q	J
S	Z	P	Z	R	I	Ü	S	M	H	V	S	K	U	S	B
N	A	B	Y	E	Q	Y	C	A	J	V	O	M	L	F	Z
K	O	J	J	L	D	U	O	U	S	E	S	E	H	V	C
I	S	I	C	N	S	H	Y	R	T	T	Y	L	Y	H	Y
V	P	K	M	E	K	A	H	U	G	I	R	E	C	E	B
S	L	Y	S	V	V	I	Q	R	M	U	V	M	K	Y	M
Y	G	K	U	I	L	Z	I	H	R	R	N	E	Q	J	M
C	F	O	Q	D	D	I	M	Y	E	K	U	K	B	J	R
Z	I	K	S	L	Q	M	T	V	R	L	Y	K	Y	B	A
D	I	R	S	E	K	A	D	O	F	M	I	S	S	E	K

RAKIP
HAKEM
ZIL
KÖŞE
SAVAŞÇI
BECERI
ODAK
HALAT
VÜCUT
DIRSEK
TEKMELEMEK
YORGUN
KUVVET
ELDIVENLER
ÇENE
YUMRUK
HIZLI
KURTARMA

49 - Réchauffement Climatique

I	J	R	E	N	E	G	J	N	S	C	E	E	C	G	N
R	K	C	H	M	J	Z	M	T	Ü	N	C	M	A	E	L
T	E	L	G	T	E	B	F	M	T	F	O	C	Z	L	E
S	C	E	I	E	F	V	G	A	Z	N	U	I	A	I	T
Ü	E	S	R	M	Q	J	Z	C	E	F	U	S	L	Ş	C
D	L	E	E	Ü	Y	B	O	U	R	H	Y	A	T	M	M
N	E	R	V	K	K	R	I	Z	A	B	D	R	M	E	Z
E	G	V	M	Ü	L	E	L	M	L	T	A	A	A	G	K
V	T	E	E	H	Ş	L	O	Z	K	U	Q	R	K	A	S
Y	S	Ç	F	F	I	L	E	U	I	N	R	A	U	L	O
F	V	M	I	O	M	İ	B	C	L	B	U	L	Y	M	K
T	Z	I	T	I	D	S	K	J	K	I	B	S	O	S	A
Z	C	H	O	B	I	E	K	T	A	B	D	U	M	P	A
Z	I	A	P	J	N	N	Y	A	C	T	P	L	H	J	I
A	R	K	T	I	K	I	F	S	I	C	Z	U	K	E	C
M	H	G	Z	T	Q	O	M	U	S	D	Z	I	I	P	A

ARKTIK
IKLIM
KRIZ
GELIŞME
VERI
ÇEVRESEL
ENERJI
GELECEK
GAZ
NESİLLER
HÜKÜMET
ENDÜSTRI
ULUSLARARASI
MEVZUAT
ŞIMDI
NÜFUS
AZALTMAK
SICAKLIKLAR

50 - Ballet

Q	Y	P	A	R	L	E	A	D	C	I	A	L	K	I	Ş
Y	O	D	Y	D	M	M	S	Q	B	K	C	Q	I	L	D
S	O	M	O	D	U	İ	V	I	U	O	N	H	Z	M	A
A	E	Ğ	B	E	S	T	E	C	I	R	B	C	Ü	A	N
O	L	Y	U	C	Z	İ	G	E	R	E	A	V	M	L	S
O	P	H	I	N	M	R	I	T	E	O	L	O	S	N	Ç
C	R	Q	K	R	L	R	K	A	C	G	E	J	V	A	I
U	N	K	E	A	C	U	F	R	E	R	R	P	C	V	L
U	H	İ	E	L	S	I	K	Z	B	A	İ	M	Z	O	A
L	I	N	C	S	H	Z	A	K	B	F	N	O	S	R	R
V	F	K	P	A	T	K	H	I	F	İ	R	A	Z	P	G
B	O	E	H	K	S	R	B	C	P	K	I	I	F	E	A
E	E	T	Z	J	E	L	A	S	T	A	N	A	S	R	M
O	F	A	V	K	J	S	L	P	F	D	I	G	C	B	V
F	E	U	L	Y	H	Y	H	V	P	E	G	B	N	V	P
G	G	F	T	C	Z	R	I	R	K	L	L	D	Q	U	K

ALKIŞ
SANATSAL
BALERİN
KOREOGRAFİ
BECERI
BESTECI
DANSÇILAR
ANLAMLI
JEST
ZARİF

YOĞUNLUK
KASLAR
MÜZIK
ORKESTRA
SEYIRCI
PROVA
RİTİM
SOLO
TARZ
TEKNİK

51 - Fruit

Y	P	K	T	I	C	L	R	O	V	G	S	P	M	A	D
F	K	L	B	M	D	B	Q	T	J	B	C	M	A	R	M
C	K	I	C	C	P	A	V	A	U	G	K	A	N	M	D
C	M	R	L	F	S	Y	B	K	İ	V	İ	U	G	U	T
E	O	Z	Q	Q	G	A	V	O	K	A	D	O	O	T	Ü
I	R	C	U	Y	V	P	N	N	O	M	İ	L	V	U	Z
K	B	Z	B	P	K	A	O	A	E	B	B	V	U	D	Ü
B	A	Q	N	C	A	P	B	H	N	K	S	Z	C	A	M
H	R	Y	N	F	V	S	T	S	P	A	T	Z	N	F	E
Q	S	Q	I	B	U	D	U	D	U	H	A	A	U	H	Z
R	M	S	F	S	N	İ	N	C	İ	R	M	R	R	M	M
V	A	V	Q	O	I	Ş	E	F	T	A	L	I	U	U	U
R	M	N	E	P	B	H	J	G	H	Y	E	K	T	M	Z
C	E	A	Z	S	B	C	I	R	H	G	V	L	Q	K	F
I	R	P	Z	H	N	Q	A	S	A	H	F	M	I	F	T
K	Q	I	I	M	Y	O	B	M	A	P	U	Y	P	U	P

KAYISI
ANANAS
AVOKADO
DUT
MUZ
KIRAZ
LİMON
İNCİR
AHUDUDU
GUAVA
KİVİ
MANGO
KAVUN
NEKTAR
TURUNCU
PAPAYA
ŞEFTALI
ARMUT
ELMA
ÜZÜM

52 - Musique

R	I	A	H	P	A	A	Ş	M	V	A	Z	B	Y	K	G
S	İ	C	S	R	H	L	L	A	Ü	P	Z	O	E	V	G
S	P	T	E	M	E	B	İ	G	R	Z	J	R	H	B	T
S	R	I	M	T	N	Ü	R	L	A	K	İ	Z	Ü	M	E
I	N	Y	J	İ	K	M	İ	E	R	İ	I	S	I	J	M
V	Q	A	P	Y	K	İ	K	S	E	N	E	C	Y	D	P
G	Q	K	U	B	S	T	Q	R	P	O	N	V	I	E	O
E	K	L	E	K	T	İ	K	İ	O	M	S	V	K	L	N
J	Y	A	P	C	B	R	K	İ	M	R	T	O	K	N	O
F	C	U	D	M	V	G	L	Ş	U	A	R	K	J	D	F
M	E	L	O	D	İ	M	Z	I	Z	H	Ü	A	S	E	O
D	O	Ğ	A	Ç	L	A	M	A	D	Y	M	L	I	R	R
I	D	Z	N	F	B	E	V	A	Z	G	A	G	F	L	K
K	L	A	S	İ	K	C	M	N	L	R	N	N	D	L	İ
V	Q	U	N	N	R	R	S	D	J	L	K	M	M	Z	M
K	N	I	H	Y	O	K	O	S	K	T	T	V	H	K	J

ALBÜM
ŞARKICI
KLASİK
KAYIT
EKLEKTİK
AHENK
HARMONİK
DOĞAÇLAMA
ENSTRÜMAN
LİRİK
MELODİ
MİKROFON
MÜZİKAL
MÜZİSYEN
OPERA
ŞİİRSEL
RİTİM
RİTMİK
TEMPO
VOKAL

53 - Météo

Z	M	M	K	İ	P	O	R	T	D	E	C	C	Q	A	S
Ü	G	Z	U	B	O	P	K	E	J	G	S	M	B	I	A
S	E	O	T	A	T	M	O	S	F	E	R	I	A	K	C
Ü	I	E	U	U	B	I	F	Z	J	Q	O	L	N	M	A
T	G	C	P	V	L	J	A	F	C	J	V	K	I	T	S
L	Ö	K	A	K	U	R	U	J	K	L	Z	I	T	Z	I
Ü	K	B	A	K	P	R	Y	Y	I	L	D	I	R	I	M
R	K	U	R	S	L	T	F	B	I	E	F	L	I	A	G
Ü	U	L	Ü	F	I	I	M	E	E	S	V	N	F	G	Ö
G	Ş	U	Z	Q	K	R	K	I	L	K	A	R	U	K	K
K	A	T	G	K	A	N	G	J	D	F	M	M	L	H	Y
Ö	Ğ	Z	Â	V	M	U	H	A	B	N	O	G	S	Z	Ü
G	I	O	R	N	Y	A	J	E	B	I	C	Q	İ	G	Z
A	K	N	F	Z	F	L	C	P	B	Y	T	T	S	O	Ü
G	I	B	N	O	H	F	Q	V	R	O	U	N	Q	S	M
O	L	D	F	F	K	C	M	U	S	O	N	Z	G	H	J

GÖKKUŞAĞI
ATMOSFER
ESINTI
SİS
GÖKYÜZÜ
IKLIM
YILDIRIM
BUZ
SEL
MUSON
BULUT
KUTUP
KURU
KURAKLIK
SICAKLIK
FIRTINA
GÖK GÜRÜLTÜSÜ
KASIRGA
TROPİK
RÜZGÂR

54 - L'Entreprise

K	I	L	I	S	A	L	O	L	K	P	C	E	T	K	I
Ü	R	A	L	K	A	N	Y	A	K	M	U	N	U	S	R
R	E	L	K	S	İ	R	A	J	U	I	Q	D	Ü	H	M
E	L	E	N	O	Y	S	E	F	O	R	P	Ü	I	R	B
S	T	Y	V	C	P	E	S	H	P	I	I	S	T	I	Ü
E	E	A	E	Q	B	B	S	K	L	T	L	T	I	L	Q
L	R	C	M	N	K	G	K	A	Q	A	E	R	B	E	G
L	C	P	Q	P	I	C	D	O	C	Y	R	I	A	G	G
K	Ü	U	T	S	V	L	G	O	A	O	L	C	R	E	A
Y	A	M	B	U	B	I	I	G	K	E	E	I	E	L	G
F	V	L	B	V	Z	Ş	C	K	G	S	M	T	L	N	D
D	S	C	I	O	U	Q	T	Z	Ç	Z	E	A	M	B	A
P	G	Q	O	T	O	J	I	N	S	I	H	R	İ	Y	V
Z	K	D	D	E	E	P	V	H	U	E	O	A	R	L	Q
N	G	A	I	C	M	S	G	Z	B	P	B	Y	İ	D	E
K	A	R	A	R	Z	Y	G	K	F	M	E	J	B	I	V

YARATICI
KARAR
IŞ
KÜRESEL
ENDÜSTRI
YENILIKÇI
YATIRIM
OLASILIK
SUNUM
ÜRÜN

PROFESYONEL
ILERLEME
KALITE
KAYNAKLAR
GELIR
ITIBAR
RİSKLER
ÜCRETLER
BİRİMLER

55 - Gouvernement

H	G	Q	Y	U	I	P	Y	D	Z	Y	U	B	H	A	L
A	F	Q	E	F	Y	Y	U	G	P	Y	O	O	P	N	H
K	I	L	T	I	Ş	E	P	J	A	B	H	C	D	I	U
L	A	S	U	L	U	G	B	T	M	Q	J	V	L	T	Z
A	D	S	S	I	V	I	L	U	D	O	K	K	Z	R	U
R	A	T	A	R	T	I	Ş	M	A	C	O	I	F	H	R
İ	L	D	A	Y	K	S	Ö	Z	G	Ü	R	L	Ü	K	L
S	E	F	I	A	A	O	H	A	K	Q	A	Z	S	K	U
A	T	I	F	C	Q	N	N	F	M	I	P	I	E	Z	Q
R	E	F	R	E	M	U	A	U	M	H	O	S	M	I	F
K	L	G	L	P	M	N	Z	S	Ş	Q	G	M	B	G	F
O	V	T	T	E	S	A	Y	İ	S	M	V	I	O	A	J
M	E	K	G	G	C	K	U	M	O	F	A	Ğ	L	D	C
E	D	F	J	Q	O	R	C	Q	S	N	V	A	V	I	Y
D	V	A	T	A	N	D	A	Ş	L	I	K	B	B	J	I
F	Y	H	U	L	U	S	N	C	F	C	L	T	Y	S	J

VATANDAŞLIK
SIVIL
ANAYASA
DEMOKRASİ
KONUŞMA
TARTIŞMA
HAKLAR
EŞITLIK
DEVLET
BAĞIMSIZLIK
ADLİ
ADALET
ÖZGÜRLÜK
KANUN
ANIT
ULUS
ULUSAL
HUZURLU
SİYASET
SEMBOL

56 - Randonnée

L	G	G	V	L	Y	Z	L	M	L	Q	Q	B	N	B	L
U	I	C	K	K	O	A	C	N	I	C	M	T	P	N	E
S	F	B	T	B	N	T	E	M	N	M	A	D	H	F	D
O	A	Y	U	S	N	O	I	K	L	I	M	T	L	F	Z
T	U	Z	B	O	S	J	Y	T	O	P	L	A	N	T	I
K	C	I	C	G	L	J	I	S	U	Ç	U	R	U	M	Y
R	D	O	Z	O	L	K	O	Ğ	A	D	S	K	T	E	O
V	R	E	L	E	K	İ	L	H	E	T	F	B	T	C	R
A	A	V	A	H	I	M	Y	H	M	N	N	R	S	U	G
H	F	Ğ	Z	K	L	L	Q	E	C	C	B	A	S	P	U
Ş	T	Q	I	G	R	A	L	Ş	A	T	L	T	Y	A	N
İ	E	O	E	R	I	Ğ	S	K	K	C	N	İ	N	R	B
R	Q	N	Q	R	Z	O	L	V	M	L	E	R	K	K	O
Z	F	Q	Ü	B	A	D	A	K	L	Y	Y	A	O	L	N
N	T	Z	H	G	H	O	B	Z	R	S	B	H	M	A	S
Y	U	D	Q	C	H	A	Y	V	A	N	L	A	R	R	Y

HAYVANLAR
HARİTA
IKLIM
TEHLİKELER
SU
UÇURUM
YORGUN
AĞIR
HAVA
DAĞ
DOĞA
ORYANTASYON
PARKLAR
TAŞLAR
HAZIRLIK
VAHŞİ
GÜNEŞ
TOPLANTI

57 - Nutrition

R	E	İ	N	İ	M	A	T	İ	V	D	E	T	B	N	Q
H	D	B	H	T	T	S	Ğ	U	H	C	T	G	E	O	T
A	V	E	M	P	P	H	B	I	Q	R	O	R	B	Y	F
K	C	B	E	S	İ	N	M	İ	R	İ	D	N	İ	S	E
P	V	I	L	E	G	N	E	D	A	L	C	İ	Y	A	V
D	R	T	J	B	A	H	A	R	A	T	I	S	B	T	K
T	Y	O	T	O	R	A	L	I	V	I	S	K	U	N	M
F	M	N	T	P	Q	T	P	L	J	İ	R	O	L	A	K
Z	F	N	H	E	T	Ş	J	I	S	B	Y	T	Y	M	D
I	H	S	I	A	İ	I	I	B	K	P	U	E	E	R	N
D	N	S	U	R	B	N	Y	E	T	I	L	A	K	E	S
I	S	A	Ğ	L	I	K	C	L	E	E	G	T	G	F	D
Y	O	H	C	Q	Q	E	D	I	Z	C	A	I	K	J	G
E	S	M	E	F	M	H	I	N	Z	H	U	R	A	R	R
T	B	F	M	J	D	S	U	E	E	O	N	K	Y	Z	K
S	A	Ğ	L	I	K	L	I	Y	L	P	L	O	R	R	F

ACI
IŞTAH
KALORİ
YENILEBILIR
DIYET
SİNDİRİM
BAHARAT
DENGELI
FERMANTASYON
SIVILAR
BESİN
AĞIRLIK
PROTEİN
KALITE
SAĞLIKLI
SAĞLIK
SOS
LEZZET
TOKSİN
VİTAMİNİ

58 - Science Fiction

V	H	G	H	G	I	L	Y	P	L	J	J	N	D	S	K
T	O	İ	O	U	P	K	C	G	F	N	Y	I	Z	E	İ
E	E	Ç	G	K	F	D	B	S	Y	D	A	R	H	N	T
N	P	K	K	I	U	E	S	Q	Q	Z	N	A	Y	A	A
A	A	E	N	F	Z	U	B	T	H	O	I	C	N	R	P
H	T	Ç	E	O	Q	E	H	T	I	S	L	R	K	Y	L
E	L	R	G	P	L	A	M	E	N	İ	S	F	I	O	A
K	A	E	E	Y	Z	O	Z	L	F	Q	A	A	T	Ş	R
H	M	G	Z	H	G	V	J	N	I	B	M	N	S	E	A
A	A	D	E	H	N	Q	L	I	Y	P	A	T	I	T	D
Y	Y	Ü	G	A	T	O	M	İ	K	K	G	A	R	A	A
A	P	N	G	R	O	B	O	T	L	A	R	S	Ü	L	K
L	O	Y	O	G	P	Q	K	Z	F	G	Y	T	T	F	Ö
İ	T	A	P	V	H	N	Z	L	V	V	G	I	Ü	P	G
R	Ü	O	P	A	S	Y	U	P	V	H	O	K	F	E	H
Z	I	R	I	Z	C	T	J	Q	Z	O	P	I	H	B	I

ATOMİK
SİNEMA
PATLAMA
AŞIRI
FANTASTIK
ATEŞ
FÜTÜRISTIK
GÖKADA
YANILSAMA
HAYALİ
KİTAPLAR
DÜNYA
GIZEMLI
KEHANET
GEZEGEN
GERÇEKÇİ
ROBOTLAR
SENARYO
TEKNOLOJI
ÜTOPYA

59 - Professions #1

I	T	F	A	I	Y	E	C	I	U	U	D	B	H	K	C
Ç	B	I	Ç	S	N	A	D	A	L	O	Y	Ü	A	E	P
T	Z	C	K	M	N	G	I	V	D	U	E	Y	R	M	L
A	R	A	O	B	E	R	P	C	S	R	U	Ü	I	Q	Y
N	I	K	G	R	Y	Ö	H	I	S	Q	C	K	T	R	V
A	R	N	O	A	S	T	R	O	N	O	M	E	A	Y	B
S	E	A	L	Ç	İ	İ	P	A	Q	B	U	L	C	H	C
N	N	B	O	J	Z	D	F	İ	P	I	Y	Ç	I	A	P
U	İ	O	E	D	Ü	E	S	E	Y	H	U	İ	P	K	P
Q	R	C	J	N	M	E	L	R	T	A	K	U	V	A	S
T	E	S	I	S	A	T	Ç	I	D	Y	N	H	F	B	İ
L	T	T	F	H	P	Q	U	Ş	M	O	U	İ	C	O	K
M	E	O	L	T	C	Q	K	M	G	C	K	E	S	A	O
M	V	T	T	S	C	I	C	E	K	R	K	T	O	T	L
S	Y	E	C	Y	Q	H	J	H	P	O	Q	O	O	F	O
S	Y	Y	R	D	P	Z	K	R	L	Z	U	I	J	R	G

BÜYÜKELÇİ
SANATÇI
ASTRONOM
AVUKAT
BANKACI
KUYUMCU
HARITACI
AVCI
DANSÇI
KOÇ
EDİTÖR
JEOLOG
HEMŞIRE
DOKTOR
MÜZİSYEN
PİYANİST
TESISATÇI
ITFAIYECI
PSİKOLOG
VETERİNER

60 - Géologie

G	F	I	T	Y	L	T	İ	S	A	Z	B	K	M	V	A
N	A	M	T	A	K	L	U	B	Y	H	E	A	İ	U	E
N	O	Y	Z	O	R	E	G	Z	S	A	Z	L	N	L	B
A	F	K	Z	H	K	F	F	O	S	İ	L	S	E	L	Ö
K	R	I	O	E	A	J	V	G	R	U	Q	İ	R	A	L
L	F	T	D	I	R	U	J	U	A	K	Q	Y	A	V	G
O	Q	A	T	R	E	C	P	I	V	H	Y	U	L	U	E
V	T	A	Ş	L	L	C	P	Y	U	H	Q	M	L	Z	K
L	T	M	B	M	L	G	I	Z	K	S	J	O	E	K	L
M	A	Ğ	A	R	A	J	O	Q	Z	D	H	S	R	P	B
C	J	U	M	U	T	V	R	U	K	D	C	I	M	N	I
Z	N	C	M	F	S	D	Ö	K	M	E	G	J	E	U	K
P	E	D	V	P	İ	N	E	P	D	F	J	Y	R	P	Z
Y	A	Y	L	A	R	Q	M	L	N	O	Z	T	C	Y	G
L	A	V	N	C	K	L	D	S	O	T	Z	N	A	A	V
Q	S	A	R	K	I	T	T	M	G	M	M	F	N	D	Y

ASİT
KALSİYUM
MAĞARA
KITA
MERCAN
KATMAN
KRİSTALLER
EROZYON
DÖKME
FOSİL
GAYZER
LAV
MİNERALLER
TAŞ
YAYLA
KUVARS
TUZ
SARKIT
VOLKAN
BÖLGE

61 - Jardin

T	L	V	C	B	A	H	Ç	E	N	C	J	F	L	K	R
D	P	O	A	U	D	E	N	T	E	N	Q	L	A	C	C
G	E	H	C	I	T	Z	L	F	A	A	H	L	D	A	N
H	Ö	I	T	E	R	A	S	N	E	M	I	Ç	A	J	I
G	Y	L	C	R	Z	M	G	N	I	U	Y	A	U	D	O
C	U	A	E	T	A	S	H	T	U	T	L	Ğ	K	Y	O
F	Z	Ç	Q	T	R	A	O	C	U	R	O	A	I	G	K
C	U	Q	D	R	J	A	R	A	G	O	G	P	M	L	N
Y	G	H	O	P	V	D	M	V	D	H	R	Q	R	F	D
Ç	I	T	Y	S	K	N	D	B	O	J	T	L	I	A	C
H	T	E	B	D	R	A	L	T	O	B	Q	D	T	T	K
S	F	D	Y	C	F	R	C	U	R	L	O	U	N	P	N
F	G	S	C	R	O	E	N	G	L	F	İ	Q	O	I	A
F	D	K	C	I	V	V	Q	P	I	A	Q	N	Q	B	B
M	C	Q	B	N	C	Y	L	P	P	E	H	V	S	T	E
H	A	M	A	K	Ç	I	Ç	E	K	E	R	Ü	K	G	Q

AĞAÇ
BANK
ÇALI
ÇIT
GÖLET
ÇIÇEK
GARAJ
HAMAK
ÇIMEN
BAHÇE
OTLAR
KÜREK
VERANDA
TIRMIK
TOPRAK
TERAS
TRAMBOLİN
HORTUM
ASMA

62 - Santé et Bien Être #1

E	P	I	G	O	D	D	N	T	A	D	N	H	F	O	D
T	E	D	A	V	I	Y	K	I	L	K	E	S	K	Ü	Y
O	P	L	F	R	L	A	M	L	I	I	Z	K	İ	F	M
A	Ç	L	I	K	P	E	H	A	Ş	R	C	E	N	D	K
R	I	U	G	F	K	F	T	L	K	I	F	L	İ	M	J
U	C	İ	J	L	M	V	L	E	A	K	N	F	L	D	E
Y	A	R	A	L	A	N	M	A	N	V	K	E	K	V	A
F	Y	E	M	M	F	R	E	C	L	A	P	R	J	O	C
N	R	T	A	Y	Q	E	M	Q	I	H	Z	B	E	K	Y
F	J	K	I	B	T	T	D	D	K	İ	O	C	M	N	I
C	R	A	L	S	A	K	U	D	F	L	M	R	E	D	Z
M	A	B	F	H	G	I	R	O	D	A	Q	Z	M	L	U
T	E	R	A	P	İ	N	U	K	K	Ç	R	M	E	O	J
K	I	Z	C	Q	N	P	Ş	T	M	Z	T	P	A	D	N
A	Q	O	E	D	L	C	E	O	E	F	Y	D	Y	J	L
K	E	M	İ	K	L	E	R	R	V	İ	R	Ü	S	G	D

ETKIN
BAKTERİ
YARALANMA
KLİNİK
AÇLIK
KIRIK
ALIŞKANLIK
YÜKSEKLIK
HORMON
DOKTOR
İLAÇ
KASLAR
KEMİKLER
CILT
ECZANE
DURUŞ
REFLEKS
TERAPİ
TEDAVI
VİRÜS

63 - Barbecues

K	H	N	O	P	N	T	R	A	Ç	L	I	K	S	O	S
E	P	I	A	L	L	E	A	L	G	J	B	H	A	G	Z
Z	J	E	Q	S	O	V	L	V	N	Q	G	M	L	D	D
M	C	K	B	P	R	A	L	K	U	C	O	Ç	A	N	J
R	V	L	U	U	E	D	A	R	P	K	V	J	T	F	E
R	F	S	B	K	B	I	T	B	G	I	H	T	A	A	F
E	N	Y	K	T	I	D	A	M	H	Z	N	S	L	O	T
L	C	D	K	H	B	R	Ç	P	D	Ü	I	K	A	D	D
S	V	H	R	A	E	Q	E	E	D	M	U	B	R	S	Y
E	J	B	U	E	Ç	O	B	Z	K	N	S	D	A	I	L
T	D	U	B	K	S	I	E	Y	S	T	O	K	L	C	L
A	U	R	E	L	E	Z	B	E	S	Y	Ğ	Y	N	A	I
M	O	Z	J	D	V	G	A	I	L	E	A	A	U	K	D
O	J	O	Y	T	Y	A	F	F	J	A	N	M	Y	O	Q
D	H	Q	A	T	E	R	A	U	E	U	I	J	O	Z	Q
M	Y	N	Z	P	M	A	L	P	R	B	Q	I	Y	K	G

SICAK
BIÇAK
ÇOCUKLAR
YAZ
AÇLIK
AILE
ÇATALLAR
MEYVE
IZGARA
DAVET
OYUNLAR
SEBZELER
MÜZIK
SOĞAN
BIBER
TAVUK
SALATALAR
SOS
TUZ
DOMATESLER

64 - Insectes

K	U	Ç	F	U	S	U	Y	B	U	S	S	S	M	L	Z
K	E	R	İ	P	L	G	V	P	L	I	İ	O	D	M	M
V	A	Ç	L	A	R	V	A	P	O	V	V	L	Z	A	T
S	D	R	I	O	S	E	B	D	Y	R	R	U	J	N	Y
E	B	A	I	B	B	J	D	O	Q	I	İ	C	I	T	N
Y	F	M	R	N	O	K	B	Y	A	S	S	A	V	I	F
K	Y	V	B	Z	C	Y	B	M	K	I	İ	N	H	S	S
T	A	H	E	K	G	A	N	E	H	N	N	I	M	G	B
H	P	D	Y	E	A	N	A	U	F	E	E	B	P	M	P
B	R	E	O	L	P	L	R	E	Z	K	K	T	M	A	T
Ö	A	G	Q	E	E	A	I	H	N	U	J	I	L	U	E
C	K	R	T	B	U	Ğ	U	R	B	Ö	C	E	Ğ	I	R
E	D	İ	Ğ	E	C	Ö	B	S	O	T	S	U	Ğ	A	M
K	İ	K	G	K	Y	A	B	A	N	A	R	I	S	I	İ
K	D	E	U	N	S	R	N	R	Y	C	T	T	K	Q	T
Q	Z	Ç	N	H	Z	P	A	F	J	U	I	K	G	Z	Y

ARI
BÖCEK
AĞUSTOSBÖCEĞİ
UĞUR BÖCEĞI
KEÇIBOYNUZU
KARINCA
YABAN ARISI
LARVA
YUSUFÇUK
MANTIS
SİVRİSİNEK
SIVRISINEK
KELEBEK
PİRE
YAPRAKDİD
ÇEKİRGE
TERMİT
SOLUCAN

65 - Ferme #1

P	T	A	V	U	K	E	Ş	E	A	L	A	N	Z	K	V
Q	I	Ü	B	U	U	G	K	E	P	Ö	K	A	C	E	M
M	E	R	B	Ü	G	Q	A	E	Q	D	F	M	F	Ç	P
Q	E	Ü	I	E	I	E	R	P	N	T	L	A	B	I	C
U	O	S	Ğ	N	Y	C	G	B	I	İ	U	S	C	B	J
J	P	N	A	O	Ç	L	A	N	M	E	J	H	K	B	U
F	A	E	Z	Z	V	J	A	F	I	K	G	B	I	A	M
Z	K	R	U	İ	D	E	K	T	R	M	I	B	E	R	B
Z	D	F	B	B	L	H	Q	O	A	T	N	S	E	B	K
G	I	T	I	I	I	Z	U	U	T	I	S	S	U	M	E
O	R	C	F	D	N	Q	L	R	L	Ç	Y	I	V	A	B
T	T	M	V	R	L	V	J	L	Y	L	I	A	U	R	D
H	E	D	Y	I	Z	Y	E	F	G	C	B	I	D	I	T
C	A	L	A	C	I	N	M	J	C	K	U	J	L	Y	J
R	P	Q	O	Y	F	Y	D	U	C	G	N	M	I	J	B
N	S	B	L	V	Q	G	G	Y	J	B	B	B	V	R	H

ARI
TARIM
EŞEK
BİZON
ALAN
KEDİ
AT
KEÇI
KÖPEK
ÇIT
KARGA
SU
GÜBRE
SAMAN
BAL
TAVUK
PIRINÇ
SÜRÜ
İNEK
BUZAĞI

66 - Antarctique

M	İ	N	E	R	A	L	L	E	R	A	L	A	D	A	A
V	I	T	D	O	A	B	N	D	O	Z	Z	E	M	Y	R
T	O	P	O	Ğ	R	A	F	Y	A	U	L	M	O	F	A
I	Z	U	N	D	F	R	C	V	U	D	U	H	T	A	Ş
B	U	Z	U	L	L	A	R	K	Ç	L	F	Y	E	R	T
S	B	S	E	E	K	L	C	A	Ö	E	D	D	I	Ğ	I
E	V	V	R	S	U	A	P	Y	G	U	V	S	D	O	R
F	L	S	K	M	Ş	N	Z	A	V	L	O	R	H	C	M
E	L	Z	I	I	L	I	O	L	F	Y	R	Q	E	L	A
R	Z	U	T	L	A	L	K	I	L	K	A	C	I	S	C
K	N	V	A	I	R	A	O	K	A	B	A	A	G	J	I
U	O	A	L	B	D	B	R	Y	A	R	I	M	A	D	A
A	M	Y	T	N	O	E	U	E	Z	I	O	Z	T	Z	S
D	Q	E	V	O	O	Y	M	H	F	B	Y	J	L	Y	J
E	C	I	M	J	F	R	A	U	G	H	C	Y	A	T	F
P	J	U	O	L	J	C	D	R	F	M	Y	R	B	T	U

KOY
BALINALAR
ARAŞTIRMACI
KORUMA
KITA
SU
ÇEVRE
SEFER
COĞRAFYA
BUZ

BUZULLAR
ADALAR
GÖÇ
MİNERALLER
KUŞLAR
YARIMADA
KAYALIK
BILIMSEL
SICAKLIK
TOPOĞRAFYA

67 - Professions #2

M	C	L	U	G	A	U	T	I	C	U	M	D	D	Y	B
V	Ü	H	U	E	R	M	N	C	N	L	S	Z	H	Q	Y
H	A	H	G	P	O	Q	N	A	V	I	Ç	H	A	B	L
D	F	P	E	Q	İ	Z	F	M	H	B	A	L	L	H	L
Z	İ	F	G	N	Y	L	P	R	G	İ	A	J	P	H	T
O	N	L	J	S	D	E	O	I	K	Y	D	I	Ş	Ç	I
O	L	R	B	V	A	I	F	T	F	O	Z	O	L	İ	F
L	Z	B	F	İ	C	G	S	Ş	C	L	F	S	U	M	İ
O	Q	Q	C	G	L	K	Z	A	R	O	T	K	O	D	T
G	U	A	Z	A	J	İ	S	R	M	G	S	S	S	I	K
C	E	R	R	A	H	U	M	A	C	M	I	Y	L	R	E
Ö	Ğ	R	E	T	M	E	N	C	J	I	M	K	D	E	D
A	S	T	R	O	N	O	T	R	İ	V	E	B	I	Z	E
D	V	L	E	L	F	O	T	O	Ğ	R	A	F	Ç	I	D
K	Ü	T	Ü	P	H	A	N	E	V	E	F	R	Y	Ç	A
R	E	S	S	A	M	Z	D	G	A	Z	E	T	E	C	I

ASTRONOT
KÜTÜPHANE
BİYOLOG
ARAŞTIRMACI
CERRAH
DIŞÇI
DEDEKTİF
ÖĞRETMEN
ÇIZER
MÜHENDIS

MUCIT
BAHÇIVAN
GAZETECI
DİLBİLİMCİ
DOKTOR
RESSAM
FİLOZOF
FOTOĞRAFÇI
PİLOT
ZOOLOG

68 - Les Abeilles

U	S	E	Ç	I	L	A	R	K	L	I	Ç	F	B	P	C
Y	V	H	G	İ	L	A	Q	U	J	G	İ	F	R	C	P
L	T	M	Y	Y	Ç	J	F	T	Z	G	Ç	K	K	D	Ç
B	Z	R	N	M	E	E	G	R	B	U	E	A	R	J	E
G	Ö	S	K	J	F	V	K	E	A	I	K	N	B	J	Ş
K	Z	C	N	A	E	Y	Ş	L	L	C	R	A	A	Z	I
R	R	L	E	M	S	E	E	İ	E	Ü	Q	T	H	E	T
P	F	Z	L	K	Q	M	N	K	V	R	I	L	Ç	P	L
U	U	J	O	H	R	Y	Ü	T	O	Ü	I	A	E	C	I
V	R	U	P	D	Y	G	G	İ	K	S	A	R	Z	G	L
D	U	M	A	N	H	N	D	B	K	Z	İ	U	O	Y	I
N	H	U	I	A	G	I	D	A	D	E	J	S	O	Q	K
U	S	M	V	V	F	A	Y	D	A	L	I	T	T	N	R
T	M	L	I	O	T	O	Z	L	A	Y	I	C	I	E	M
T	H	A	K	K	T	V	P	Q	Q	P	H	K	E	Z	M
Q	Y	B	R	Q	B	Q	P	Q	N	Z	Y	E	H	G	C

KANATLAR
FAYDALI
BALMUMU
ÇEŞITLILIK
SÜRÜ
EKOSİSTEM
ÇİÇEK
ÇİÇEKLER
MEYVE
DUMAN
BÖCEK
BAHÇE
BAL
GIDA
BİTKİLER
POLEN
TOZLAYICI
KRALIÇE
KOVAN
GÜNEŞ

69 - Santé et Bien Être #2

I	Ş	T	A	H	G	Z	Z	V	N	O	Q	Y	Z	F	S
J	C	U	M	J	E	N	A	T	S	A	H	Q	U	O	U
R	F	C	R	A	N	O	Y	I	S	K	E	F	N	E	S
E	G	Ü	A	T	E	C	İ	J	R	E	L	A	Q	K	U
N	P	V	T	Z	T	U	M	D	T	I	R	K	K	H	Z
E	A	V	R	H	İ	R	O	L	A	K	A	T	K	A	L
M	A	İ	U	I	K	S	T	M	P	I	G	U	S	S	U
B	B	T	K	J	L	N	A	Y	M	L	T	I	M	T	K
K	E	A	Y	Y	K	A	N	N	F	R	V	C	F	A	T
I	S	M	A	E	N	G	A	B	R	I	P	C	F	L	C
G	L	İ	H	N	O	Y	B	C	Q	Ğ	R	M	L	I	I
J	E	N	I	B	G	G	D	C	O	A	M	G	P	K	R
G	N	İ	M	A	S	A	J	S	A	Ğ	L	I	K	L	I
C	M	M	F	A	V	E	M	U	D	L	M	G	B	C	H
O	E	F	H	B	S	L	O	R	Z	Q	U	Z	L	T	I
Z	I	S	H	D	Y	Q	Q	P	K	P	J	R	T	S	A

ALERJİ
ANATOMİ
IŞTAH
KALORİ
VÜCUT
SUSUZLUK
ENERJI
GENETİK
HASTANE
HIJYEN
ENFEKSIYON
HASTALIK
MASAJ
BESLENME
AĞIRLIK
KURTARMA
SAĞLIKLI
KAN
STRES
VİTAMİNİ

70 - Conduite

Z	B	T	G	A	Z	H	A	E	R	T	C	K	Q	Z	T
T	T	E	H	T	L	K	Z	P	E	A	T	İ	R	A	H
D	C	H	J	I	H	P	Y	T	C	Ş	F	C	E	J	O
V	E	L	E	R	Z	V	Z	O	R	I	S	O	L	M	V
P	B	I	Z	M	Q	Q	D	V	L	M	I	G	N	O	I
T	C	K	G	T	N	S	J	G	E	A	V	J	E	T	Z
E	S	E	L	J	O	İ	R	I	N	C	Q	Y	R	O	V
L	N	S	H	J	Y	L	Y	H	Ü	I	J	A	F	R	P
K	A	Z	A	K	M	O	H	E	T	L	M	K	T	J	Q
İ	S	J	Y	Q	A	P	H	H	T	I	J	I	E	G	V
S	İ	V	A	H	K	A	M	L	A	K	G	T	B	G	U
O	L	H	Y	G	A	R	A	J	U	İ	B	U	I	M	B
T	R	O	O	B	B	K	U	A	A	F	J	M	J	T	H
O	Q	M	U	F	A	A	O	H	U	A	P	J	R	D	F
M	D	S	P	R	R	M	S	D	V	R	D	D	P	I	K
A	A	M	D	F	A	Q	N	E	H	T	L	Q	H	U	Q

KAZA
KAMYON
YAKIT
HARİTA
TEHLIKE
FRENLER
GARAJ
GAZ
LİSANS
MOTOR
MOTOSİKLET
YAYA
POLİS
YOL
EMNİYET
TRAFİK
TAŞIMACILIK
TÜNEL
HIZ
ARABA

71 - Plantes

N	P	N	N	G	E	J	Y	B	N	Y	Q	F	B	O	B
J	D	U	T	C	I	E	E	O	A	N	H	U	D	Q	İ
R	F	S	N	A	K	F	Ş	U	O	M	J	Z	G	D	T
S	J	O	L	Y	B	O	İ	E	R	P	B	T	F	S	K
P	E	Y	N	K	Ö	K	L	G	Ç	N	B	U	L	C	İ
O	P	G	V	S	N	G	L	Ü	O	A	N	O	O	Y	Ö
B	Ü	Y	Ü	M	E	K	İ	B	E	M	L	T	R	A	R
A	G	I	I	Y	G	E	K	R	U	R	H	I	A	P	T
Ğ	R	R	O	K	U	Ç	Y	E	G	O	T	L	T	R	Ü
A	H	P	L	İ	K	I	Ş	A	M	R	A	S	B	A	S
Ç	E	F	I	N	P	Ç	J	Q	U	Q	C	Ü	A	K	Ü
E	J	K	F	A	S	U	L	Y	E	Z	Z	T	H	R	C
I	F	J	M	T	O	B	C	A	G	T	S	K	Ç	R	C
O	M	U	I	O	E	P	S	P	Y	U	Y	A	E	E	H
J	E	L	I	B	F	L	L	Y	G	Y	F	K	K	F	I
K	I	R	Z	O	Y	E	T	Q	M	N	U	I	K	D	Y

AĞAÇ
DUT
BAMBU
BOTANİK
ÇALI
KAKTÜS
GÜBRE
YEŞİLLİK
ÇİÇEK
FLORA
ORMAN
BÜYÜMEK
FASULYE
OT
BAHÇE
SARMAŞIK
YOSUN
YAPRAK
KÖK
BİTKİ ÖRTÜSÜ

72 - Ferme #2

Ç	I	F	T	Ç	I	D	J	R	L	Y	E	T	I	F	Ö
G	J	T	C	H	Y	S	Z	J	U	Q	P	Y	T	D	R
H	B	T	O	E	V	U	V	E	Y	Y	J	Z	P	Z	D
Z	B	U	Q	Q	P	L	Ç	Z	I	F	O	U	A	O	E
M	S	L	G	L	U	A	A	M	A	L	R	R	H	N	K
Ç	O	J	M	H	D	M	Y	J	N	U	H	Ö	I	O	C
F	O	Z	K	A	A	A	I	T	T	Y	P	T	R	Y	Z
O	V	B	H	L	P	Y	R	I	S	I	M	K	N	J	D
J	F	H	A	N	R	E	V	Y	E	M	Z	A	U	P	L
F	E	G	S	N	A	V	A	A	B	I	V	R	Y	Z	Q
K	F	F	I	M	M	R	I	E	N	R	B	T	O	F	U
D	E	C	B	R	L	Z	Q	M	G	L	B	R	K	B	M
S	E	B	Z	E	F	E	G	I	D	A	A	H	O	A	V
M	C	M	L	V	U	O	V	G	H	B	Y	R	V	H	F
U	Z	G	Q	O	H	I	B	S	Ü	T	O	K	A	Ç	H
V	C	V	M	R	B	U	Ğ	D	A	Y	R	R	N	E	A

KUZU
ÇIFTÇI
HAYVANLAR
ÇOBAN
BUĞDAY
ÖRDEK
MEYVE
AHIR
SULAMA
SÜT

LAMA
SEBZE
MISIR
KOYUN
GIDA
ARPA
ÇAYIR
KOVAN
TRAKTÖR
BAHÇE

73 - Vacances #2

M	I	P	T	A	H	A	Y	E	S	F	J	K	I	H	R
T	O	E	A	D	A	H	A	R	İ	T	A	L	Q	A	N
R	Z	M	Ş	O	B	R	N	T	C	M	L	F	P	V	Z
P	E	P	I	C	N	A	B	A	Y	D	P	U	Y	A	D
Q	K	E	M	D	C	V	İ	Z	E	D	T	R	L	L	C
I	Z	G	A	J	B	N	S	A	F	E	D	E	H	İ	H
B	F	K	C	T	A	K	S	İ	O	D	U	N	S	M	R
B	Z	Y	I	G	N	S	O	L	T	J	M	Z	T	A	H
R	Y	A	L	O	Q	O	J	P	O	O	T	E	L	N	S
J	E	H	I	C	J	L	J	A	Ğ	H	H	G	D	I	L
T	R	S	K	T	B	B	V	S	R	I	D	A	Ç	G	E
L	M	L	T	O	E	L	G	A	A	T	D	A	P	C	N
D	K	L	Q	O	L	F	T	P	F	R	R	E	R	L	O
J	B	R	C	C	R	U	O	O	L	C	N	E	N	L	T
N	N	T	L	T	B	A	L	R	A	I	J	N	N	I	J
L	Q	N	O	N	I	H	N	T	R	A	L	Ğ	A	D	Z

HAVALİMANI
HARİTA
HEDEF
YABANCI
OTEL
ADA
BOŞ
DENIZ
DAĞLAR
PASAPORT
FOTOĞRAFLAR
PLAJ
RESTORAN
TAKSİ
ÇADIR
TREN
TAŞIMACILIK
VİZE
SEYAHAT

74 - Éthique

I	T	Y	J	Y	K	İ	L	İ	Ç	K	E	Ç	R	E	G
O	Y	B	O	J	U	F	Q	S	N	A	R	E	L	O	T
K	H	I	Q	Z	F	T	E	Y	I	S	Y	A	H	C	E
I	J	C	M	K	M	H	C	Y	Z	P	A	K	L	H	H
K	Ü	L	T	S	Ü	R	Ü	D	P	C	J	N	U	E	F
A	K	U	G	T	E	M	A	H	R	E	M	T	L	M	O
K	H	K	O	E	I	R	I	B	A	S	A	G	M	I	P
P	D	A	A	T	K	İ	L	İ	C	Y	E	R	İ	B	K
M	B	M	Y	U	S	G	K	I	L	E	G	L	I	B	M
B	Ü	T	Ü	N	L	Ü	K	K	K	F	M	C	J	K	V
S	A	Y	G	I	L	I	Ö	Z	G	E	C	I	L	I	K
D	E	Ğ	E	R	L	E	R	O	Q	S	E	B	A	U	F
I	U	K	U	K	İ	T	A	M	O	L	P	İ	D	O	U
İ	Ş	B	İ	R	L	İ	Ğ	İ	T	E	K	A	Z	E	N
K	B	D	L	A	M	G	I	Q	P	F	U	S	B	M	A
R	A	S	Y	O	N	A	L	I	T	E	I	F	J	U	V

ÖZGECILIK
MERHAMET
İŞBİRLİĞİ
HAYSIYET
DİPLOMATİK
NEZAKET
DÜRÜSTLÜK
İNSANLIK
BİREYCİLİK
BÜTÜNLÜK
IYIMSERLIK
SABIR
FELSEFE
MAKUL
RASYONALITE
SAYGILI
GERÇEKÇİLİK
BILGELIK
TOLERANS
DEĞERLER

75 - Temps

E	M	M	Q	S	T	C	Ö	G	N	N	V	N	S	C	Y
V	U	V	Q	E	C	V	N	O	E	Q	I	B	A	U	T
V	S	H	J	L	D	R	C	O	G	L	T	L	A	K	V
N	Y	D	C	Y	N	G	E	Z	E	I	E	J	T	M	H
J	M	H	K	M	L	I	Y	Z	Ü	Y	I	C	O	P	M
Q	R	H	D	U	M	J	R	Ö	Ğ	L	E	U	E	P	I
U	J	A	S	Ş	I	M	D	I	F	V	S	M	Y	K	T
Y	F	P	J	N	V	L	M	D	K	Y	A	G	E	C	E
A	R	N	O	S	K	O	N	Y	I	L	B	G	O	I	O
K	B	L	F	C	A	J	N	G	L	C	A	M	Ü	I	D
I	L	U	E	J	T	Y	B	C	L	J	H	Z	J	N	G
N	A	Y	G	H	A	F	T	A	I	D	A	K	İ	K	A
D	D	L	J	Ü	K	Q	M	Y	Y	V	D	Ü	N	O	C
A	T	I	V	Z	N	E	K	G	G	R	Q	U	I	Y	T
Q	T	J	L	B	N	U	H	O	E	Y	Y	Q	R	G	A
D	J	L	Z	H	T	Y	E	U	B	Z	Q	A	L	A	Y

YIL
YILLIK
SONRA
BUGÜN
ÖNCE
YAKINDA
TAKVIM
ON YIL
GELECEK
SAAT

DÜN
GÜN
ŞIMDI
SABAH
ÖĞLE
DAKİKA
AY
GECE
HAFTA
YÜZYIL

76 - Maison

S	D	T	F	Z	G	M	T	T	Ş	T	R	R	K	T	P
A	P	A	I	P	A	K	B	G	A	Ö	V	R	Z	I	M
Y	E	V	B	Ç	C	H	D	F	N	A	M	İ	L	İ	K
N	J	A	R	A	G	F	B	N	A	F	C	İ	C	O	Y
A	Q	N	D	K	V	P	M	V	H	I	L	E	N	O	S
K	Ü	T	Ü	P	H	A	N	E	T	B	O	K	E	E	T
H	L	T	S	M	K	V	H	Ç	A	P	K	D	Y	R	F
D	U	V	A	R	Q	P	Y	H	R	D	U	Ş	A	E	D
Ç	I	M	B	E	J	M	I	A	L	S	U	S	A	C	A
A	J	P	M	L	D	U	G	B	A	N	L	H	R	N	Ç
T	Y	K	A	E	P	T	E	G	R	Ü	P	Ü	S	E	A
I	O	Y	L	D	K	F	J	R	Y	Z	E	J	S	P	T
K	O	M	G	R	T	A	C	S	V	B	H	A	V	T	I
A	Y	Y	C	E	I	K	Z	F	I	B	N	O	E	K	Z
T	Y	V	Q	P	M	K	Z	V	K	U	P	K	O	C	U
I	T	B	F	B	A	V	B	Q	C	E	C	N	A	I	R

SÜPÜRGE
KÜTÜPHANE
ODA
ŞÖMİNE
ANAHTARLAR
ÇIT
MUTFAK
DUŞ
PENCERE
GARAJ
ÇATI KATI
BAHÇE
LAMBA
AYNA
DUVAR
TAVAN
KAPI
PERDELER
KİLİM
ÇATI

77 - Légumes

Ş	J	U	Z	G	G	B	D	H	G	E	N	R	F	Q	Z
T	A	Y	Y	G	K	K	G	Z	J	V	K	S	A	H	E
I	K	L	H	E	Y	F	U	H	D	Z	O	L	T	Z	N
Q	A	Z	G	K	T	E	G	A	S	Y	P	K	A	E	C
M	T	H	U	A	Z	D	Z	D	F	K	V	F	N	Y	E
M	T	A	P	S	M	S	O	Ğ	A	N	A	F	L	T	F
P	P	I	Q	G	Z	K	N	B	T	J	E	B	V	I	I
B	R	O	K	O	L	İ	A	I	E	H	M	C	A	N	L
N	U	T	P	B	I	A	D	S	D	Z	F	A	T	K	J
Y	T	Z	M	N	F	Q	Y	P	O	İ	E	V	O	O	M
P	A	T	A	T	E	S	A	A	M	V	B	L	Z	A	A
L	S	A	L	A	T	A	M	N	A	E	K	S	Y	M	N
P	A	T	L	I	C	A	N	A	T	R	O	I	G	E	T
S	A	R	I	M	S	A	K	K	E	E	Y	R	K	J	A
A	H	A	V	U	Ç	Q	T	F	S	K	N	O	S	A	R
S	A	L	A	T	A	L	I	K	E	N	G	İ	N	A	R

SARIMSAK
ENGİNAR
PATLICAN
BROKOLİ
HAVUÇ
KEREVİZ
MANTAR
KABAK
SALATALIK
ISPANAK

ZENCEFIL
ŞALGAM
SOĞAN
ZEYTIN
PATATES
MAYDANOZ
BEZELYE
TURP
SALATA
DOMATES

78 - Famille

P	Y	N	F	A	R	Q	A	Ç	O	C	U	K	L	U	K
Q	U	O	J	G	G	S	K	V	E	Q	M	U	E	K	A
G	Q	B	O	P	D	S	I	S	F	C	F	C	H	U	Y
H	Z	U	R	P	Y	R	A	L	K	U	C	O	Ç	Z	F
E	N	N	A	K	A	D	I	N	E	Ş	N	Ç	H	E	E
B	R	J	O	N	K	I	Z	K	A	R	D	E	Ş	N	U
İ	Ü	K	P	E	V	S	G	P	B	R	L	P	R	T	N
K	U	Y	E	R	S	F	A	B	A	B	K	Ü	Y	Ü	B
İ	V	T	Ü	K	A	C	O	K	B	E	Y	A	S	Y	L
Z	I	J	Z	K	T	M	T	A	L	V	E	Z	I	K	L
L	M	R	U	O	A	O	A	K	U	S	Ğ	E	O	N	G
E	Z	Y	E	T	N	N	R	M	G	M	E	B	Y	P	F
R	O	N	T	G	A	Z	N	U	C	N	N	N	S	J	U
B	R	K	K	J	M	G	U	E	N	A	L	R	Q	A	V
E	R	K	E	K	K	A	R	D	E	Ş	E	H	E	H	V
E	R	K	E	K	Y	E	Ğ	E	N	T	H	E	S	V	E

ATA
KUZEN
ÇOCUKLUK
ÇOCUK
ÇOCUKLAR
KADIN EŞ
KIZ EVLAT
ERKEK KARDEŞ
BÜYÜKANNE
BÜYÜK BABA
İKİZLER
KOCA
ANNE
ERKEK YEĞEN
YEĞEN
AMCA
ERKEK TORUN
BABA
KIZ KARDEŞ
TEYZE

79 - Oiseaux

Y	T	Z	T	Q	Y	M	L	G	G	Q	Y	L	T	D	T
T	Y	N	T	Z	I	L	E	Ü	Ü	K	N	O	L	K	I
N	S	D	E	V	Z	N	Y	V	V	Y	M	T	Y	R	Z
D	K	K	P	N	U	T	L	E	E	K	L	N	R	Y	Q
C	O	C	N	G	N	R	E	R	R	K	N	A	K	U	T
P	E	N	G	U	E	N	K	C	C	S	G	K	A	Z	Z
K	A	R	T	A	L	L	V	İ	I	S	P	İ	G	T	F
Z	E	V	U	U	A	T	N	N	N	Q	V	L	R	M	C
Q	D	J	Q	Ş	E	M	P	S	E	R	Ç	E	A	R	M
O	Z	Y	U	U	S	U	V	A	T	J	S	P	K	L	O
B	A	L	I	K	Ç	I	L	T	P	E	I	V	T	N	A
P	I	M	T	E	E	P	C	R	B	A	Ö	R	D	E	K
Y	L	H	R	V	M	I	T	U	F	U	Ğ	U	K	J	U
G	P	G	A	E	Q	A	N	M	J	B	L	A	E	S	G
D	L	M	M	D	S	A	K	U	V	A	T	T	N	Y	U
J	P	S	H	Q	J	O	O	Y	Y	R	B	L	Y	M	G

KARTAL
DEVEKUŞU
ÖRDEK
LEYLEK
GÜVERCİN
KARGA
GUGUK
KUĞU
BALIKÇIL
PENGUEN
SERÇE
MARTI
YUMURTA
KAZ
TAVUS
PAPAĞAN
PELİKAN
GÜVERCIN
TAVUK
TUKAN

80 - Disciplines Scientifiques

H	T	L	T	U	U	A	Y	M	İ	K	O	Y	İ	B	E
G	N	R	R	P	S	E	M	U	R	I	V	T	E	M	K
Y	Q	R	B	O	H	M	İ	G	Y	M	K	G	L	U	O
A	N	A	T	O	M	İ	N	V	V	Y	C	M	S	T	L
J	C	S	N	Q	J	L	E	H	P	A	H	İ	O	C	O
S	E	G	T	T	O	İ	R	G	L	J	İ	J	İ	Q	J
Y	O	O	D	Z	R	B	A	C	R	Z	J	O	J	İ	İ
B	G	S	L	U	T	L	L	N	Ö	R	O	L	O	J	İ
E	R	N	Y	O	K	İ	O	A	S	F	L	O	L	O	J
F	S	A	O	O	J	D	J	Y	G	T	O	Y	O	L	O
V	N	J	C	Z	L	İ	İ	F	U	M	R	Z	Y	O	L
F	J	Z	M	R	B	O	K	T	R	F	O	İ	İ	N	O
M	E	K	A	N	İ	K	J	I	I	N	E	F	B	Ü	K
Z	O	O	L	O	J	İ	K	İ	N	A	T	O	B	M	İ
A	S	T	R	O	N	O	M	İ	S	N	E	K	K	M	S
A	R	K	E	O	L	O	J	İ	P	K	M	U	B	İ	P

ANATOMİ
ARKEOLOJİ
ASTRONOMİ
BİYOKİMYA
BİYOLOJİ
BOTANİK
KIMYA
EKOLOJİ
JEOLOJİ
İMMÜNOLOJİ
DİLBİLİM
MEKANİK
METEOROLOJİ
MİNERALOJİ
NÖROLOJİ
FİZYOLOJİ
PSİKOLOJİ
SOSYOLOJİ
ZOOLOJİ

81 - Maladie

T	E	R	A	P	İ	Q	K	E	F	I	Y	A	Z	F	U
B	M	Y	J	O	Z	R	A	D	E	L	N	L	K	C	A
C	S	İ	N	Ü	S	T	L	O	Q	F	I	E	R	A	F
J	P	Q	U	O	I	N	P	P	I	G	D	R	O	E	H
B	L	F	B	T	G	Ö	G	E	V	Y	Q	J	N	I	A
U	A	L	D	A	V	R	E	B	M	O	L	İ	İ	B	B
L	S	L	R	P	E	O	I	F	G	O	Q	L	K	A	A
A	T	O	S	P	A	P	P	V	J	P	J	E	I	Ğ	K
Ş	I	M	L	T	P	A	H	İ	T	L	İ	R	L	I	T
I	L	A	E	U	M	T	A	H	T	I	N	K	Ğ	Ş	E
C	A	H	F	C	N	İ	S	A	K	U	T	İ	A	I	R
I	K	P	L	Ü	V	U	O	L	F	M	O	T	S	K	İ
S	B	J	J	V	J	V	M	O	R	D	N	E	S	L	Y
K	E	M	İ	K	L	E	R	B	I	E	G	N	E	I	E
K	Y	K	M	L	F	J	N	O	E	B	E	E	T	K	L
K	P	H	Z	T	R	F	S	H	O	I	O	G	T	P	P

AKUT
ALERJİLER
BAKTERİYEL
KRONİK
BULAŞICI
VÜCUT
KALP
ZAYIF
GENETİK
KALITSAL
BAĞIŞIKLIK
İLTİHAP
LOMBER
NÖROPATİ
KEMİKLER
SOLUNUM
SAĞLIK
SİNÜS
SENDROM
TERAPİ

82 - Émotions

A	T	G	D	O	M	P	S	S	T	A	D	O	N	N	Ü
B	A	R	I	Ş	E	S	E	J	A	Z	V	H	Y	R	Z
C	H	P	U	L	M	Y	M	F	Y	K	Z	E	M	A	Ü
I	A	Y	C	Z	N	S	P	K	I	A	I	M	M	Z	N
G	R	K	L	Z	U	K	A	L	Q	M	O	N	A	I	T
M	Q	M	G	P	N	H	T	E	I	A	B	U	T	E	Ü
C	K	Z	Q	G	Y	O	İ	T	P	L	S	O	J	H	Z
N	E	Z	A	K	E	T	R	Y	Y	T	N	R	Z	E	F
U	Z	B	Q	K	K	O	R	K	U	A	R	R	D	Y	V
L	K	D	T	U	F	V	Q	S	I	H	Z	V	V	E	S
S	B	H	P	I	Ö	K	S	L	Ü	A	J	Z	V	C	I
H	A	S	S	A	S	İ	Y	E	T	R	V	F	Y	A	K
L	J	L	Z	G	D	J	V	J	C	P	P	T	F	N	I
M	I	N	N	E	T	T	A	R	E	P	S	R	U	L	N
S	E	V	İ	N	Ç	B	P	H	N	V	T	Y	İ	I	T
R	A	A	G	A	Ş	K	I	Y	Y	G	U	F	E	Z	I

AŞK
SAKIN
ÖFKE
RAHAT
SIKINTI
HEYECANLI
NEZAKET
SEVİNÇ
BARIŞ
KORKU
MINNETTAR
RAHATLAMA
MEMNUN
SÜRPRİZ
SEMPATİ
HASSASİYET
HUZUR
ÜZÜNTÜ

83 - Univers

V	Q	B	G	V	D	J	E	Z	F	P	O	K	Y	B	A
M	G	I	Ü	B	P	O	K	S	E	L	E	T	P	J	S
K	M	P	N	B	R	A	V	H	C	K	K	R	O	D	T
A	O	D	D	R	B	S	A	D	A	K	Ö	G	R	K	R
K	N	H	Ö	M	F	T	T	O	G	I	R	K	B	Q	O
O	Q	Y	N	A	H	R	O	M	Ö	Q	M	I	V	G	N
Z	N	E	Ü	N	H	O	R	Z	K	E	F	L	L	N	O
M	Y	I	M	T	A	N	Ü	O	Y	G	Ü	N	E	Ş	M
İ	A	A	Ü	A	F	O	N	S	Ü	N	M	A	S	L	A
K	Z	Y	R	M	Z	M	Ü	R	Z	Ü	O	R	K	Q	L
Q	V	F	T	I	H	İ	R	S	Ü	R	J	A	Ö	P	Y
E	N	L	E	M	M	K	Ö	R	R	Ö	D	K	G	V	O
M	O	U	Z	R	R	K	G	K	A	Y	D	O	Z	A	B
L	S	J	J	V	J	U	Ü	F	M	R	C	R	H	M	N
E	P	J	C	K	K	F	U	R	E	F	S	O	M	T	A
Z	Q	M	O	P	M	U	Q	F	E	V	S	L	A	I	D

ASTRONOM
ASTRONOMİ
ATMOSFER
GÖKSEL
GÖKYÜZÜ
KOZMİK
EKVATOR
GÖKADA
YARIMKÜRE
UFUK
ENLEM
BOYLAM
AY
KARANLIK
YÖRÜNGE
GÜNEŞ
GÜNDÖNÜMÜ
TELESKOP
GÖRÜNÜR
ZODYAK

84 - Géographie

J	R	A	I	N	D	Y	E	Z	U	K	I	Q	G	M	N
Y	A	D	A	U	Ü	H	A	U	F	R	P	Z	B	R	D
S	K	T	Y	I	N	C	A	R	E	H	N	I	O	L	O
C	I	Q	I	R	Y	D	R	R	I	H	E	N	Y	N	R
M	M	M	C	K	A	I	F	Y	İ	M	I	E	L	B	J
B	Ö	L	G	E	M	Z	E	N	G	T	K	D	A	I	N
N	V	D	A	Ğ	G	Ü	N	E	Y	N	A	Ü	M	K	F
G	O	A	H	Y	E	J	J	Y	M	E	G	Z	R	G	J
P	Y	B	E	L	F	H	K	D	H	K	A	Z	J	E	Z
M	I	A	Y	B	P	N	I	İ	B	C	M	L	L	K	R
Z	S	R	O	K	S	J	J	R	B	K	P	J	Y	L	S
E	N	L	E	M	H	E	I	E	E	F	N	J	S	Ü	G
G	Y	B	N	B	S	U	D	M	S	H	A	R	Z	H	Y
S	C	I	S	A	L	T	A	J	P	A	Q	K	O	J	T
Z	R	V	A	T	U	A	L	D	N	L	Y	D	G	I	P
K	U	B	G	I	G	O	K	Y	A	N	U	S	L	A	Z

RAKIM
ATLAS
HARİTA
KITA
NEHIR
YARIMKÜRE
ADA
ENLEM
BOYLAM
DENIZ
MERİDYEN
DÜNYA
DAĞ
KUZEY
OKYANUS
BATI
ÜLKE
GÜNEY
BÖLGE
KENT

85 - Danse

U	V	O	V	F	K	H	Y	I	B	D	B	D	K	K	H
G	I	Y	G	Q	V	L	R	İ	T	İ	M	O	O	Ü	T
Y	E	Q	S	C	A	H	A	H	N	H	L	Z	R	L	M
U	I	L	E	Ş	E	N	B	S	U	U	M	Y	E	T	A
D	R	E	E	F	Z	P	K	V	İ	Q	I	J	O	Ü	B
Z	O	S	B	N	M	Ü	Z	I	K	K	H	L	G	R	I
P	L	R	Q	S	E	A	K	A	D	E	M	İ	R	E	O
N	T	Ö	Y	I	V	K	A	T	R	O	H	P	A	L	Q
Z	A	G	S	Ş	A	V	S	Z	I	S	F	Z	F	G	E
F	R	F	F	U	T	Ü	L	E	I	V	B	K	İ	G	V
P	C	Q	R	R	E	C	M	P	L	Q	R	J	H	B	O
J	R	N	U	U	K	U	I	K	M	D	L	O	U	T	V
F	N	O	B	D	E	T	A	N	A	S	C	D	M	O	J
H	D	M	V	I	R	D	A	N	L	K	Ü	L	T	Ü	R
F	T	A	L	A	A	O	I	M	N	E	Q	C	T	C	H
I	T	R	E	A	H	O	V	Q	A	O	L	N	V	Y	C

AKADEMİ
SANAT
KOREOGRAFİ
KLASİK
VÜCUT
KÜLTÜR
KÜLTÜREL
ANLAMLI
DUYGU
LÜTUF
NEŞELI
HAREKET
MÜZIK
ORTAK
DURUŞ
PROVA
RİTİM
GELENEKSEL
GÖRSEL

86 - Bâtiments

O	T	H	Y	A	F	F	S	S	N	Q	Q	U	K	A	V
I	K	M	P	B	J	Q	C	O	B	B	I	K	U	N	Y
K	M	U	L	E	F	A	B	R	I	K	A	Y	L	H	N
V	F	Y	L	V	M	D	G	L	D	C	J	K	E	U	K
N	A	D	I	R	Z	S	H	A	S	T	A	N	E	E	S
R	R	A	V	U	T	A	R	O	B	A	L	B	V	T	G
H	I	T	Q	S	L	Y	I	T	Q	F	U	Q	B	I	A
K	H	S	Q	C	T	Y	D	N	T	Y	T	C	O	S	R
N	A	M	T	R	A	P	A	M	E	N	İ	S	T	R	A
E	O	L	D	R	R	Z	Ç	A	O	K	S	J	E	E	J
L	R	K	E	N	A	H	T	A	S	A	R	I	L	V	O
Ç	R	P	V	Z	T	İ	Y	A	T	R	O	R	E	I	R
İ	F	V	R	U	Ü	L	L	P	L	K	A	B	İ	N	K
L	T	E	K	R	A	M	R	E	P	Ü	S	N	M	Ü	A
İ	P	C	D	M	B	Q	I	P	L	G	N	H	B	D	R
K	T	U	A	P	U	T	H	Q	D	T	U	G	R	C	V

ELÇİLİK
APARTMAN
KABİN
KALE
SİNEMA
OKUL
GARAJ
AHIR
HASTANE
OTEL
LABORATUVAR
MÜZE
RASATHANE
STADYUM
SÜPERMARKET
ÇADIR
TİYATRO
KULE
ÜNİVERSİTE
FABRIKA

87 - Activités et Loisirs

B	Y	D	D	S	İ	N	E	T	A	D	L	R	L	G	E
I	O	P	Y	Ö	B	C	M	B	F	J	C	A	V	K	J
Ş	Ü	Y	Ü	R	Ü	Y	Z	Q	M	Q	Z	H	G	G	A
L	S	B	A	F	S	N	Ü	L	A	Z	I	A	E	O	R
J	C	P	A	M	M	B	Y	S	Z	D	F	T	G	L	K
S	K	I	L	N	A	V	I	Ç	H	A	B	L	T	F	E
D	Q	H	H	O	B	İ	L	E	R	U	S	A	Y	D	M
B	E	O	N	Q	B	I	M	F	F	D	J	T	J	I	T
V	E	D	Z	R	F	G	H	U	I	A	D	I	R	M	E
I	O	Y	Q	L	Z	L	H	Y	D	Y	A	C	O	M	T
Y	Y	L	Z	P	L	O	Y	D	A	Q	L	I	G	Q	A
C	B	O	E	B	K	I	L	I	Ç	K	I	L	A	B	H
U	B	B	J	Y	O	S	A	N	A	T	Ş	C	I	I	A
J	V	T	M	M	B	L	O	B	T	E	K	S	A	B	Y
R	B	U	V	R	S	O	K	M	N	O	J	P	D	K	E
B	N	F	T	S	K	Q	L	R	S	O	M	B	O	K	S

SANAT
BEYZBOL
BASKETBOL
BOKS
FUTBOL
GOLF
BAHÇIVANLIK
YÜZME
HOBİLER
BOYAMA
BALIKÇILIK
DALIŞ
YÜRÜYÜŞ
RAHATLATICI
SÖRF
TENİS
VOLEYBOL
SEYAHAT ETMEK

88 - Livres

T	I	J	Y	A	N	R	J	U	V	N	M	V	A	Q	I
R	G	Ş	I	I	R	N	O	Y	I	S	K	E	L	O	K
A	F	U	Ü	S	J	E	V	M	Y	A	Z	A	R	B	V
J	P	O	K	U	Y	U	C	U	A	B	D	T	E	S	A
İ	H	G	Y	E	B	V	S	A	V	N	O	F	D	F	K
K	Y	Z	Ö	İ	H	A	Z	İ	M	N	H	O	I	Y	M
P	Z	Q	G	A	S	P	Ğ	Z	V	P	Q	İ	Z	S	S
C	S	C	Y	T	A	U	S	L	Q	Z	I	L	I	N	P
Q	Z	Y	I	Y	Y	V	N	O	A	M	Y	G	Z	S	S
T	H	O	Y	Q	F	K	E	Y	E	M	H	İ	R	A	T
L	K	H	B	D	A	Y	A	P	D	S	S	L	U	N	H
A	N	L	A	T	I	C	I	J	E	V	Q	İ	P	Z	V
Y	A	Z	I	L	I	D	H	T	B	D	E	S	T	A	N
Y	A	R	A	T	I	C	I	L	Î	D	R	Q	A	Q	H
U	Z	B	M	Q	D	F	B	İ	K	İ	L	İ	K	A	F
F	N	S	G	J	V	J	O	E	B	O	A	V	G	U	I

YAZAR
MACERA
KOLEKSIYON
BAĞLAM
İKİLİK
YAZILI
DESTAN
ÖYKÜ
TARİH
MİZAHİ
YARATICI
OKUYUCU
EDEBÎ
ANLATICI
SAYFA
İLGİLİ
ŞIIR
ROMAN
DIZI
TRAJİK

89 - Pays #2

P	N	G	E	H	C	S	V	M	Q	D	C	O	S	S	T
R	U	S	Y	A	B	N	C	T	E	I	N	Q	U	O	I
U	F	O	İ	D	A	D	T	G	F	K	S	T	D	M	N
K	M	A	R	N	P	R	K	J	O	P	S	R	A	A	C
R	D	L	U	A	A	D	N	A	G	U	J	İ	N	L	L
A	Y	C	S	L	K	Y	E	A	V	H	D	T	K	İ	Ü
Y	R	H	V	R	I	Q	K	N	V	E	O	İ	S	A	B
N	G	K	A	İ	S	E	E	R	D	U	H	A	Ç	Y	N
A	Q	J	N	M	T	H	N	C	L	O	T	H	I	Z	A
A	Z	E	O	M	A	V	Y	J	P	U	N	L	N	U	N
L	T	A	H	E	N	O	A	A	S	G	F	E	U	Z	V
Z	I	K	A	A	E	Q	S	M	R	S	K	N	Z	K	Q
K	A	K	R	A	M	İ	N	A	D	B	H	P	F	Y	B
R	M	I	S	Y	H	P	A	İ	H	I	F	P	K	S	A
J	G	S	Q	R	F	V	R	K	I	A	V	Z	Y	O	K
T	Q	V	N	R	B	S	F	A	J	A	P	O	N	Y	A

ARNAVUTLUK
ÇIN
DANİMARKA
FRANSA
HAİTİ
ENDONEZYA
İRLANDA
JAMAİKA
JAPONYA
KENYA
LAOS
LÜBNAN
MEKSİKA
UGANDA
PAKISTAN
RUSYA
SOMALİ
SUDAN
SURİYE
UKRAYNA

90 - Politique

T	B	A	O	Z	E	A	F	J	J	M	K	Z	M	K	P
T	P	L	C	C	T	D	H	J	Q	V	T	A	P	O	O
L	T	V	C	O	I	A	I	E	E	O	M	F	O	M	L
Q	D	P	P	U	C	Y	K	I	Y	Y	O	E	L	İ	İ
P	N	F	T	F	P	L	G	Ö	R	Ü	Ş	R	I	T	T
K	O	F	I	M	T	S	İ	V	İ	T	K	A	T	E	İ
Q	L	P	D	B	U	E	R	E	Y	Y	K	Z	I	B	K
Z	P	J	Ü	D	D	R	M	Q	G	R	F	C	K	Z	A
O	S	O	Z	L	Ö	Z	G	Ü	R	L	Ü	K	A	S	C
V	T	R	A	Y	E	S	N	O	K	Q	A	K	H	S	I
U	A	S	G	P	A	R	P	C	Z	Ü	Q	F	Z	E	U
E	Ş	I	T	L	I	K	L	C	J	U	H	Z	H	Ç	L
S	T	R	A	T	E	J	İ	İ	G	R	E	V	Z	I	U
V	U	U	G	S	H	Y	Q	E	K	E	T	İ	K	M	S
J	K	A	M	P	A	N	Y	A	N	B	Z	P	G	F	A
Z	R	I	A	T	F	L	T	F	R	Z	A	I	E	N	L

AKTİVİST
KAMPANYA
ADAY
SEÇIM
KOMİTE
KONSEY
EŞITLIK
ETİK
HÜKÜMET
VERGİ
ÖZGÜRLÜK
ULUSAL
GÖRÜŞ
POLİTİKACI
POLITIKA
POPÜLERLİK
STRATEJİ
ZAFER

91 - Fournitures d'Art

G	F	N	J	H	S	T	B	M	G	K	Z	F	F	O	T
T	P	A	S	T	Y	A	T	A	H	U	V	D	I	J	L
M	Y	A	R	E	M	A	K	U	Y	A	Ğ	F	R	F	P
B	F	A	S	E	I	C	S	H	T	T	B	S	Ç	İ	E
M	S	C	L	T	E	H	C	I	J	K	P	T	A	K	G
T	R	E	L	M	E	L	A	K	K	H	A	C	L	İ	M
N	O	S	G	T	F	L	Y	Q	I	Â	G	L	A	R	S
Y	A	R	A	T	I	C	I	L	I	K	Ğ	D	R	L	İ
S	A	N	D	A	L	Y	E	I	P	İ	Q	I	S	E	L
E	N	U	Ş	B	N	F	C	K	N	L	P	L	T	R	G
B	E	S	Ö	P	H	V	T	Z	Q	İ	V	Y	L	M	İ
L	K	N	V	A	C	G	P	M	D	R	I	B	K	O	M
D	Y	J	A	L	R	Q	S	P	E	K	K	E	R	Ü	M
Z	S	G	L	N	E	K	P	A	S	A	M	L	F	O	P
Z	A	H	E	M	N	M	D	Q	U	F	Q	B	A	P	A
I	C	E	T	J	K	I	S	U	L	U	B	O	Y	A	B

AKRİLİK
SULUBOYA
KIL
FIRÇALAR
KAMERA
SANDALYE
ŞÖVALE
TUTKAL
RENK
KALEMLER
YARATICILIK
SU
MÜREKKEP
SİLGİ
YAĞ
FİKİRLER
KÂĞIT
PASTEL
MASA

92 - Jazz

S	M	K	O	R	K	E	S	T	R	A	T	T	I	A	J
A	S	O	L	O	S	O	J	A	T	P	E	T	Ü	T	V
N	I	M	H	H	F	T	E	Y	R	L	K	G	A	R	N
A	Y	P	Y	E	T	E	N	E	K	R	N	A	C	R	N
T	E	O	G	Z	I	H	I	R	A	M	İ	M	M	E	Z
Ç	N	Z	A	D	E	I	A	Q	F	L	K	Ü	Z	S	D
I	I	I	C	E	T	S	E	B	T	I	R	Z	A	N	Q
K	T	S	D	O	Ğ	A	Ç	L	A	M	A	I	L	O	B
R	Ü	Y	K	Y	S	S	V	I	G	B	M	K	B	K	A
A	N	O	E	L	B	L	C	I	D	L	F	I	Ü	A	H
Ş	L	N	S	L	T	Q	B	D	U	F	L	G	M	L	V
A	Ü	V	L	B	R	İ	T	İ	M	K	O	G	T	R	I
Y	I	S	U	A	F	S	G	R	C	D	T	J	V	D	D
S	Q	Z	V	R	M	E	K	R	G	R	D	P	Q	R	J
U	J	I	A	R	G	R	Q	N	S	S	U	H	T	V	C
E	U	B	D	H	Q	U	O	E	T	C	O	G	S	M	U

VURGU
ALBÜM
SANATÇI
ÜNLÜ
ŞARKI
BESTECI
KOMPOZISYON
KONSER
TÜR
DOĞAÇLAMA
MÜZIK
YENI
ORKESTRA
RİTİM
SOLO
TARZ
YETENEK
DAVUL
TEKNİK
YAŞ

93 - Paysages

E	B	D	R	P	Q	S	P	V	M	A	Ğ	A	R	A	R
O	M	H	I	G	L	E	E	S	T	D	C	O	I	M	V
N	Q	K	V	C	V	J	M	C	J	A	L	P	J	M	Q
V	N	Q	G	Y	Z	M	N	G	Y	N	N	A	R	T	T
T	A	I	G	S	O	P	D	J	Y	M	F	E	A	P	V
U	K	D	K	S	P	H	Q	L	Q	O	U	L	H	M	Y
N	L	K	I	Ğ	A	D	Z	U	B	V	Ğ	P	D	I	M
D	O	H	L	J	H	N	D	Z	B	J	A	K	E	M	R
R	V	B	K	I	L	N	E	U	P	U	D	H	C	K	Y
A	B	T	A	T	O	B	N	B	L	Ç	Ö	L	A	A	C
N	I	R	T	I	Y	R	I	T	C	I	Y	Ö	M	S	D
Ş	E	L	A	L	E	R	Z	E	N	L	S	G	K	V	A
V	R	D	B	E	N	C	L	P	M	A	C	U	R	T	T
Y	A	R	I	M	A	D	A	E	S	H	M	N	C	D	N
C	O	P	E	G	A	Y	Z	E	R	H	T	A	S	M	U
Z	M	A	J	I	N	K	D	B	A	F	J	S	D	U	S

ŞELALE
TEPE
ÇÖL
HALIÇ
NEHIR
GAYZER
BUZUL
MAĞARA
BUZDAĞI
ADA
GÖL
BATAKLIK
DENIZ
DAĞ
VAHA
YARIMADA
PLAJ
TUNDRA
VADI
VOLKAN

94 - Pays #1

A	C	D	O	C	T	B	K	S	U	B	O	B	C	C	C
R	N	C	Z	V	E	N	E	Z	U	E	L	A	E	Y	Y
N	İ	S	R	A	İ	L	I	R	P	D	A	Y	Q	T	T
İ	H	A	E	Y	P	O	L	O	N	Y	A	C	P	H	A
T	S	F	F	B	H	I	N	D	I	S	T	A	N	O	R
N	R	P	S	İ	J	J	M	A	M	A	N	A	P	Y	B
A	P	Y	A	L	M	T	R	O	D	A	V	K	E	L	P
J	B	J	H	N	A	T	S	İ	N	A	G	F	A	L	J
R	R	M	L	I	Y	F	İ	N	L	A	N	D	İ	Y	A
A	E	D	H	S	İ	A	I	N	J	R	Q	A	D	K	R
O	Z	V	F	I	L	I	P	I	N	L	E	R	K	N	F
Q	I	R	O	M	A	N	Y	A	A	L	M	A	N	Y	A
R	L	U	E	Q	M	Q	C	N	O	R	V	E	Ç	Q	H
Q	Y	I	N	P	K	F	F	C	Y	A	Z	U	Q	S	L
P	A	U	G	A	R	A	K	İ	N	J	B	H	P	Z	L
S	F	T	H	T	M	K	D	O	C	H	O	I	F	L	V

AFGANİSTAN
ALMANYA
ARJANTİN
BREZILYA
KANADA
İSPANYA
EKVADOR
FİNLANDİYA
HINDISTAN
İSRAİL
LİBYA
MALİ
FAS
NİKARAGUA
NORVEÇ
PANAMA
FILIPINLER
POLONYA
ROMANYA
VENEZUELA

95 - Nombres

O	V	J	L	L	Q	S	O	N	S	E	K	I	Z	A	O
H	U	C	A	K	U	E	F	D	G	I	N	Y	V	Y	N
D	F	F	Q	N	S	K	L	B	Z	Y	N	S	F	T	D
Q	V	R	M	U	D	İ	G	A	U	V	G	U	H	L	A
S	Z	F	O	T	A	Z	T	Y	T	L	A	O	D	E	L
B	E	Ş	Z	N	B	H	Z	H	B	C	E	E	O	O	I
N	D	V	U	K	C	O	Q	E	Q	L	F	M	F	A	K
O	K	G	E	K	Q	U	E	P	B	E	F	A	J	I	O
O	A	Q	L	B	I	E	R	N	P	Q	B	Q	Z	2	Z
J	C	L	D	K	U	J	H	P	Q	T	I	U	U	C	Y
O	Z	V	T	Z	J	O	K	I	B	I	R	Y	K	Z	F
N	H	P	R	I	F	I	S	Z	Y	T	R	Ö	O	N	O
Y	L	J	Ö	K	K	N	H	U	E	L	S	Y	D	C	U
E	C	Y	D	I	A	Z	R	K	D	A	O	R	N	N	F
D	F	Ç	Ü	N	O	P	Y	O	İ	N	P	B	O	Y	O
I	S	L	Ç	O	S	D	T	D	N	O	Y	İ	R	M	İ

BEŞ
ONDALIK
ON
ONSEKIZ
ON DOKUZ
ON YEDI
ON IKI
SEKİZ
DOKUZ
ON DÖRT
DÖRT
ON ALTI
YEDİ
ALTI
ON ÜÇ
ÜÇ
BIR
YİRMİ
SIFIR

96 - Psychologie

R	E	L	E	C	N	Ü	Ş	Ü	D	S	S	N	N	D	V
B	A	H	A	Y	A	L	D	H	H	L	O	E	K	V	D
I	U	N	S	T	O	I	A	H	K	C	G	R	U	H	Y
L	P	M	D	N	V	H	V	F	O	F	E	T	U	C	H
I	G	L	A	E	P	Q	R	D	M	N	I	O	T	N	E
N	L	D	U	Q	V	Z	A	A	S	L	T	J	O	G	B
Ç	Z	O	V	V	Y	U	N	U	K	I	L	I	Ş	I	K
S	T	E	R	A	P	İ	I	I	Q	O	A	D	P	K	U
I	H	I	S	C	E	M	Ş	I	K	E	Ç	Q	T	T	L
Z	D	U	Y	G	U	L	A	R	T	S	N	P	N	O	K
L	M	F	B	M	B	T	R	E	T	K	İ	L	E	R	U
G	E	R	Ç	E	K	L	I	K	S	U	L	V	E	E	C
F	İ	K	İ	R	L	E	R	G	I	Z	İ	S	G	C	O
K	T	K	L	İ	N	İ	K	B	J	P	B	O	M	G	Ç
D	E	Ğ	E	R	L	E	N	D	I	R	M	E	J	M	S
B	R	L	J	S	R	Y	I	K	T	L	I	Y	Z	V	Z

KLİNİK
DAVRANIŞ
ÇEKIŞME
EGO
ÇOCUKLUK
DUYGULAR
DEĞERLENDIRME
FİKİRLER
BILINÇSIZ
ETKİLER
DÜŞÜNCELER
ALGI
KIŞILIK
SORUN
RANDEVU
GERÇEKLIK
HAYAL
HIS
BİLİNÇALTI
TERAPİ

97 - Nature

H	G	K	T	A	Y	V	H	B	I	I	R	I	P	I	O
A	U	B	E	N	A	Y	A	O	U	L	R	U	Z	U	H
Y	U	U	K	R	K	U	K	H	N	Z	U	N	F	U	G
V	C	L	K	K	F	I	Q	I	Ş	L	U	K	M	N	V
A	I	U	I	S	A	K	İ	N	N	İ	T	L	Ö	Ç	P
N	Y	T	T	R	O	P	İ	K	A	L	F	F	N	F	I
L	N	L	K	I	B	C	T	I	İ	D	A	N	K	Q	G
A	K	A	R	H	V	F	A	L	H	M	K	U	İ	D	B
R	O	R	A	E	Z	T	Y	L	M	F	A	B	L	M	R
A	R	A	P	N	J	C	A	E	I	I	N	N	L	C	T
L	M	L	Z	O	I	S	H	Z	Z	P	I	Y	İ	D	K
R	A	Ğ	T	Y	J	E	D	Ü	E	E	R	P	Ş	D	Y
A	N	A	G	Z	C	I	H	G	L	H	A	I	E	I	P
R	A	D	Y	O	F	H	N	F	E	C	B	E	Y	B	L
Z	R	E	A	R	F	Q	P	O	A	K	M	Q	I	G	F
Q	K	O	V	E	Q	H	I	S	İ	S	G	Y	M	M	S

ARLAR
HAYVANLAR
ARKTIK
GÜZELLIK
SİS
ÇÖL
DİNAMİK
EROZYON
YEŞİLLİK
NEHIR
ORMAN
BUZUL
DAĞLAR
BULUTLAR
HUZURLU
BARINAK
VAHŞİ
SAKİN
TROPİKAL
HAYATİ

98 - Chimie

E	C	K	Y	N	H	E	Z	M	T	L	J	T	G	N	E
Z	D	P	U	D	T	T	G	B	H	R	I	Y	P	C	L
F	C	J	I	K	L	O	R	K	K	E	V	Y	R	H	E
Q	U	B	A	C	D	L	T	I	U	E	J	N	F	L	K
C	S	M	B	U	K	Z	D	L	B	L	A	T	E	M	T
Z	N	I	J	T	N	O	B	R	A	K	N	A	S	İ	R
Z	U	T	V	Y	D	K	S	I	K	Ü	H	T	I	Z	O
A	S	İ	T	I	T	S	N	Ğ	C	N	P	O	C	N	N
G	Q	L	R	Ö	Z	İ	L	A	T	A	K	M	A	E	J
T	S	A	S	T	I	J	L	J	R	F	J	İ	K	S	A
H	A	K	R	K	L	E	Ü	G	V	V	M	K	L	O	J
S	M	L	J	C	I	N	K	İ	E	S	S	U	I	L	M
O	I	A	H	L	N	J	E	G	Y	K	T	V	K	T	Y
F	I	Y	U	U	O	D	L	I	V	O	H	Y	V	A	V
V	Z	S	H	İ	D	R	O	J	E	N	N	Y	M	N	I
O	D	D	I	R	C	S	M	Q	L	M	M	E	D	F	M

ASİT
ALKALİ
ATOMİK
KARBON
KATALİZÖR
ISI
KLOR
ENZİM
ELEKTRON
GAZ
HİDROJEN
İYON
SIVI
METAL
MOLEKÜL
NÜKLEER
OKSİJEN
AĞIRLIK
TUZ
SICAKLIK

99 - Bateaux

N	G	Y	O	Z	E	G	J	G	Q	D	Ş	Q	O	J	B
T	A	B	E	T	T	E	R	Ü	M	E	A	D	K	K	Y
C	L	R	A	L	A	G	L	A	D	N	M	M	Y	I	M
M	T	A	Y	A	K	H	A	T	Z	İ	A	H	A	P	Q
C	O	N	A	K	E	E	S	M	Y	Z	N	K	N	V	P
D	B	T	D	S	R	S	N	I	P	C	D	Z	U	P	E
G	İ	I	O	V	İ	E	E	L	V	İ	I	F	S	S	J
S	R	G	P	R	D	A	I	A	İ	L	R	R	P	U	C
F	E	L	T	I	J	J	V	O	C	İ	A	O	G	Ç	F
Y	F	E	Q	H	B	J	N	O	Z	K	J	N	Y	A	Z
D	D	G	G	E	H	J	G	A	İ	N	Q	Y	N	P	T
Z	E	M	F	N	I	B	H	S	N	P	C	D	B	A	Y
Y	L	N	S	R	R	Z	S	U	E	I	K	N	E	Z	K
V	A	G	I	U	U	Y	N	H	D	N	H	C	S	Z	J
I	E	B	Y	Z	İ	N	E	D	Q	I	R	L	G	Ö	L
D	O	K	T	J	C	L	F	F	O	H	L	B	Y	S	K

ÇAPA
ŞAMANDIRA
KANO
IP
MÜRETTEBAT
FERİBOT
NEHIR
GÖL
GELGIT
DENİZCİ

DENİZCİLİK
DİREK
DENIZ
MOTOR
DENİZ
OKYANUS
SAL
DALGALAR
YELKENLİ
YAT

100 - Mesures

A	Ğ	I	R	L	I	K	K	A	B	J	G	K	L	M	B
D	D	L	B	E	Q	I	E	B	Y	J	E	L	T	I	K
A	A	F	F	Q	Y	L	I	J	U	J	N	Y	Z	Z	E
Z	B	K	M	S	V	N	D	B	S	T	I	S	Q	E	T
J	S	I	İ	O	B	I	Q	S	D	C	Ş	B	M	J	U
O	H	L	R	K	O	R	P	T	E	S	L	U	E	S	I
D	Q	A	Q	I	A	E	K	A	H	B	I	G	T	L	Y
E	F	D	F	M	U	D	K	B	K	S	K	S	R	D	Ü
R	S	N	E	R	T	E	M	İ	T	N	A	S	E	N	K
E	Y	O	O	D	Y	H	U	N	L	T	G	İ	G	T	S
C	O	A	E	I	A	L	H	Z	S	O	R	N	R	O	E
E	N	Q	J	Y	B	C	E	L	U	O	M	Ç	A	L	K
Z	S	H	A	C	I	M	F	İ	L	N	H	E	M	T	L
M	H	F	Z	S	J	Y	S	T	T	N	L	Z	T	O	I
K	İ	L	O	G	R	A	M	R	O	J	F	U	N	R	K
G	Y	E	Y	L	Y	E	R	E	N	R	N	M	K	B	E

SANTİMETRE
DERECE
ONDALIK
GRAM
YÜKSEKLIK
KİLOGRAM
KİLOMETRE
GENIŞLIK
LİTRE
UZUNLUK
KITLE
METRE
DAKİKA
BAYT
ONS
AĞIRLIK
İNÇ
DERINLIK
TON
HACIM

1 - Adjectifs #2

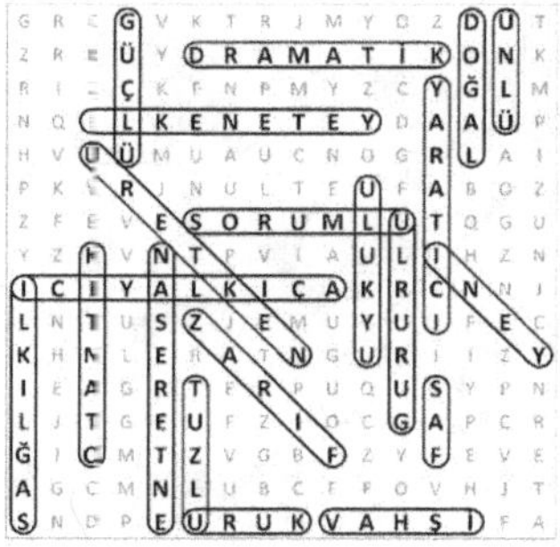

2 - Formes

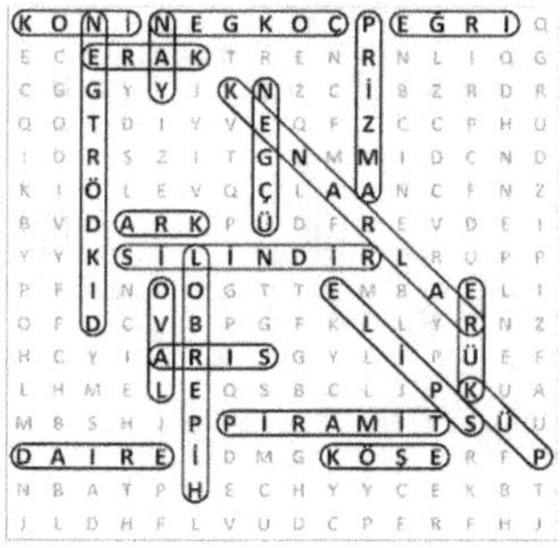

3 - Force et Gravité

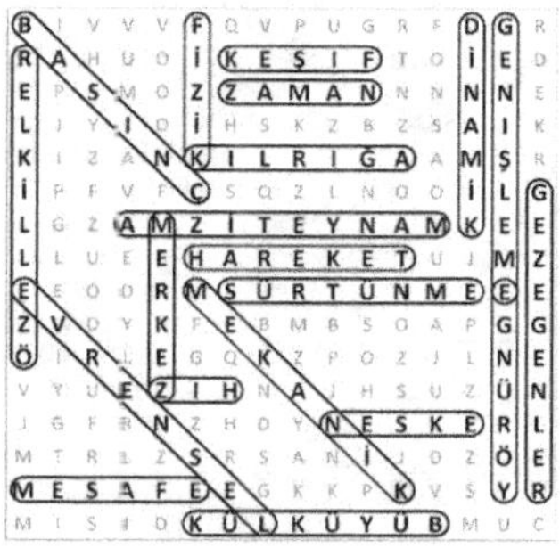

4 - Adjectifs #1

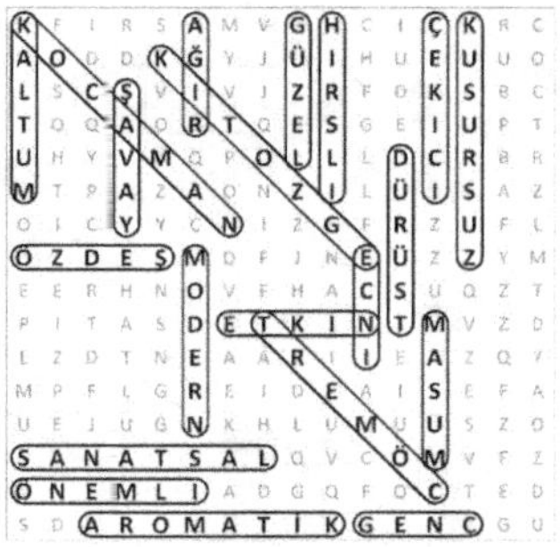

5 - Instruments de Musique

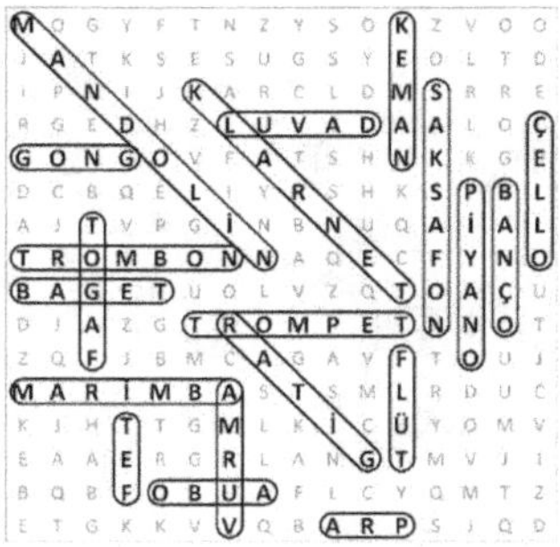

6 - Échecs

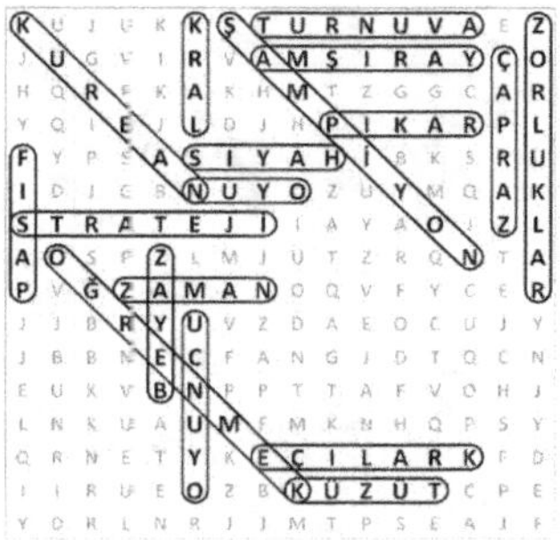

7 - Herboristerie

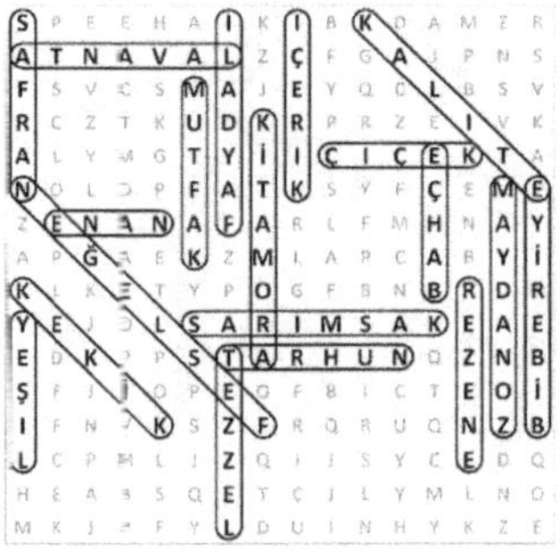

8 - Véhicules

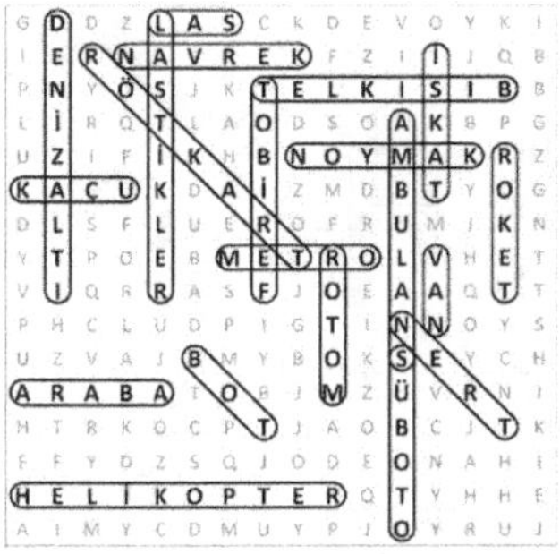

9 - Camping

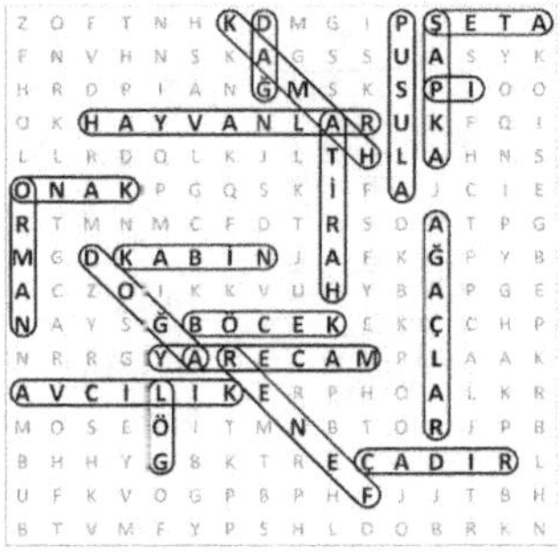

10 - Géométrie

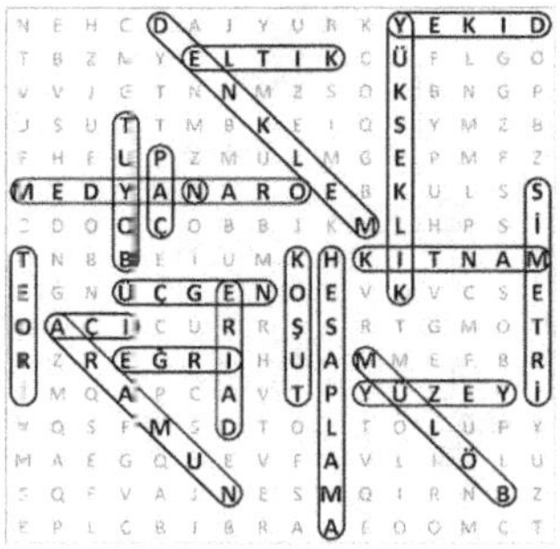

11 - Diplomatie

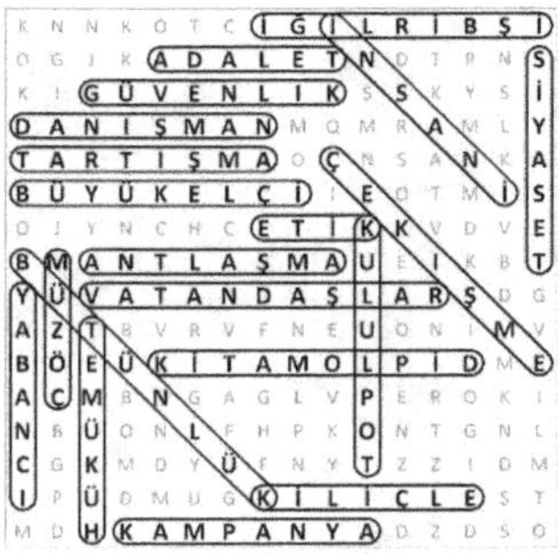

12 - Électricité

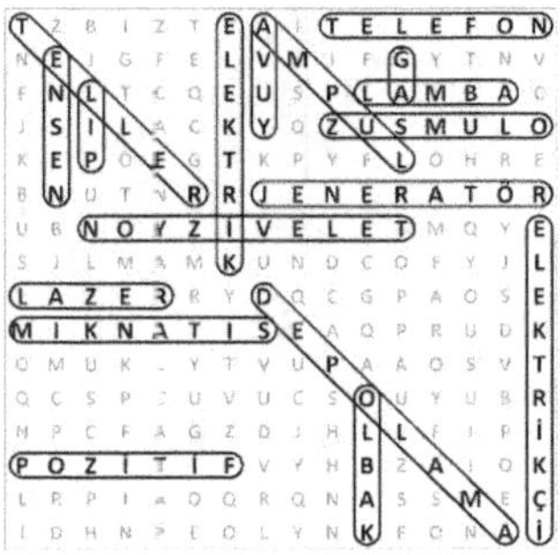

13 - Astronomie

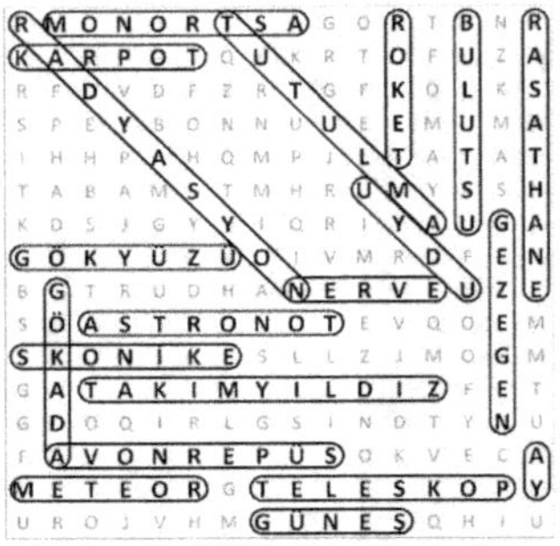

14 - Physique

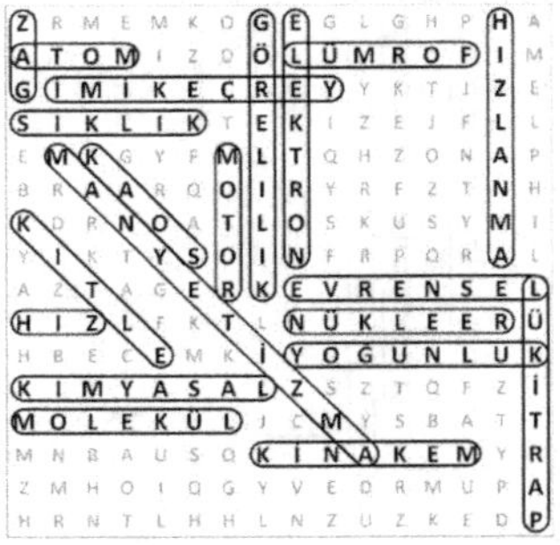

15 - Types de Cheveux

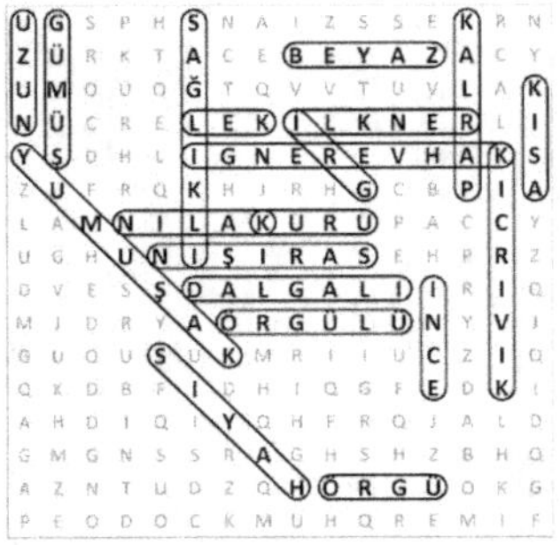

16 - Archéologie

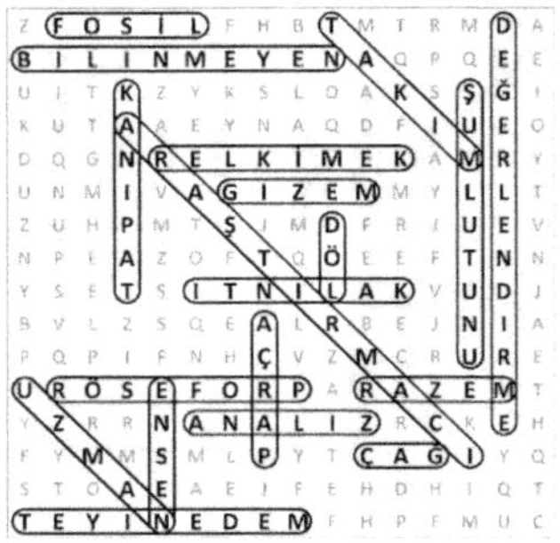

17 - Mammifères

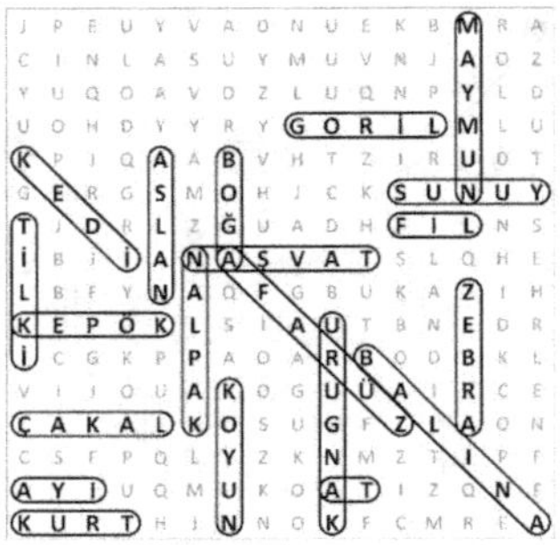

18 - Chocolat

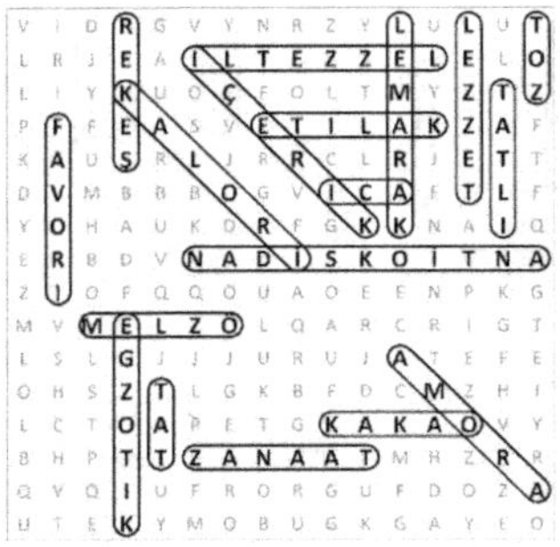

19 - Mathématiques

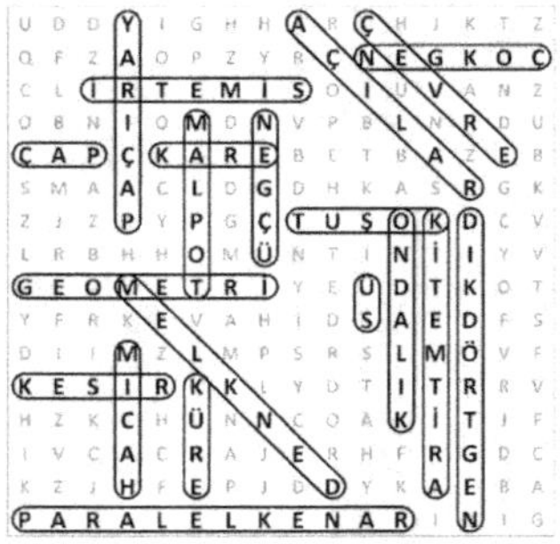

20 - Mythologie

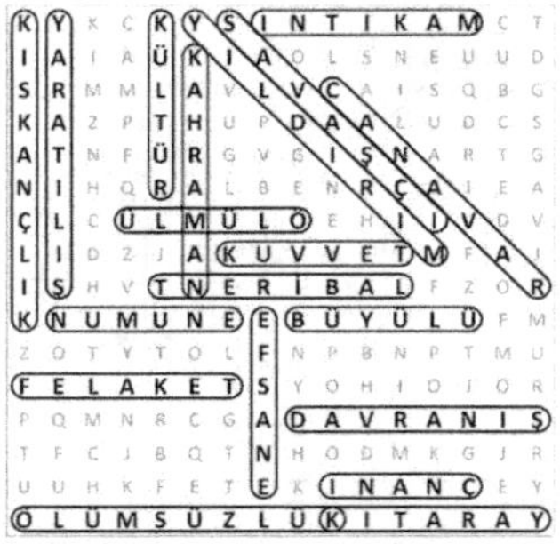

21 - Beauté

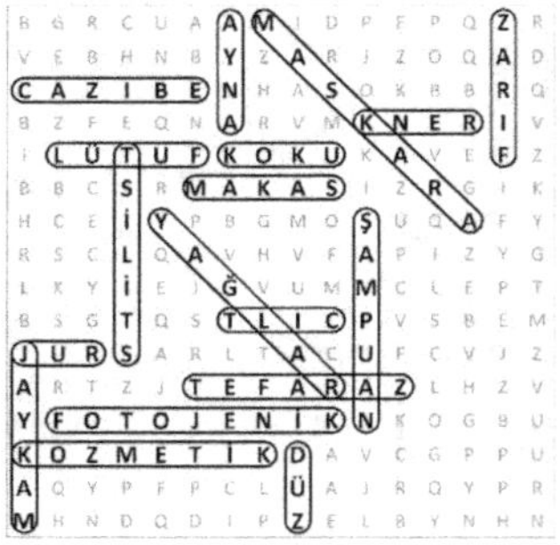

22 - Avions

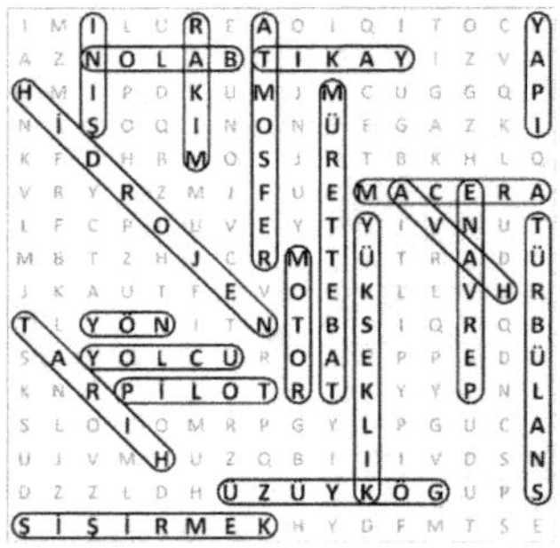

23 - Aventure

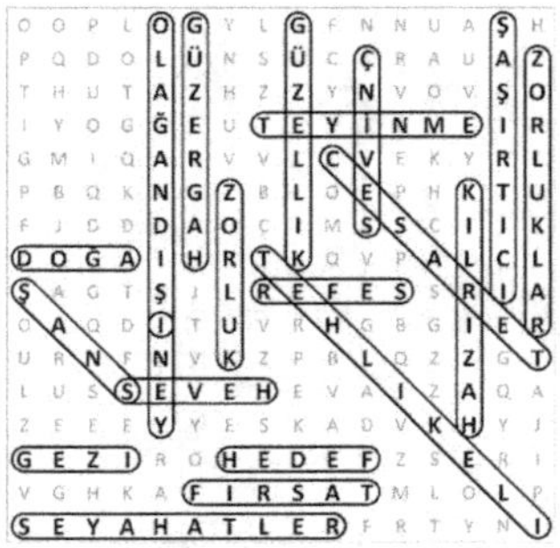

24 - Ville

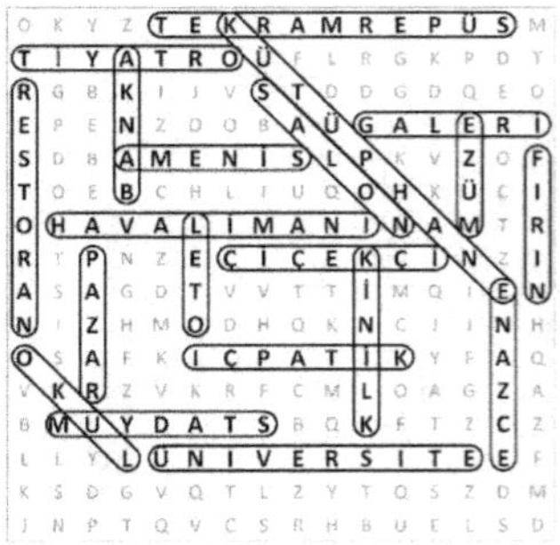

25 - Ingénierie

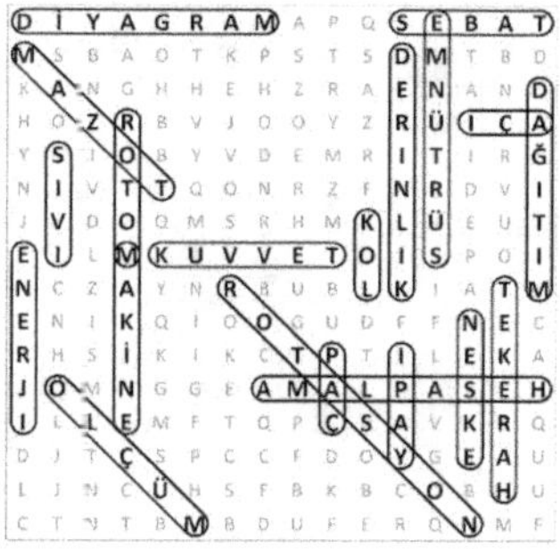

26 - Énergie

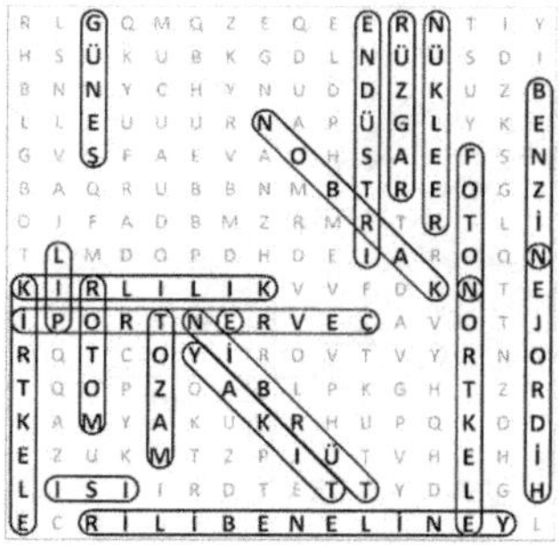

27 - Cuisine

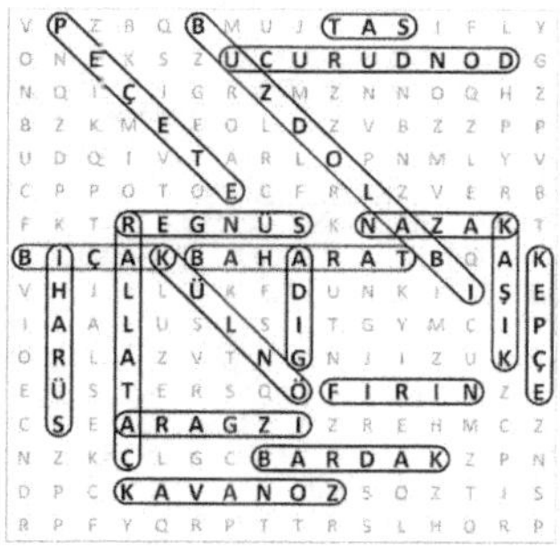

28 - Corps Humain

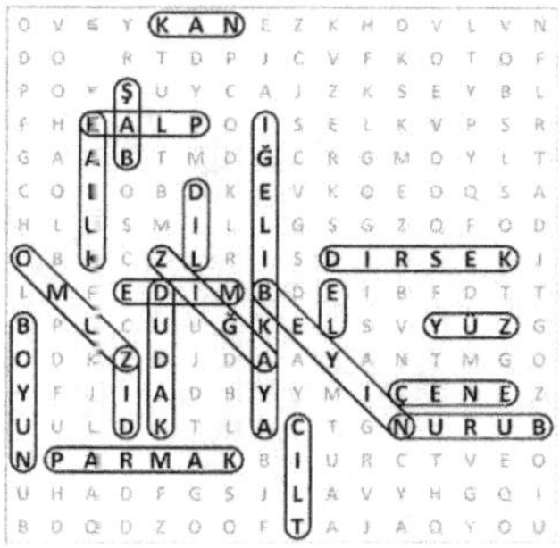

29 - Biologie

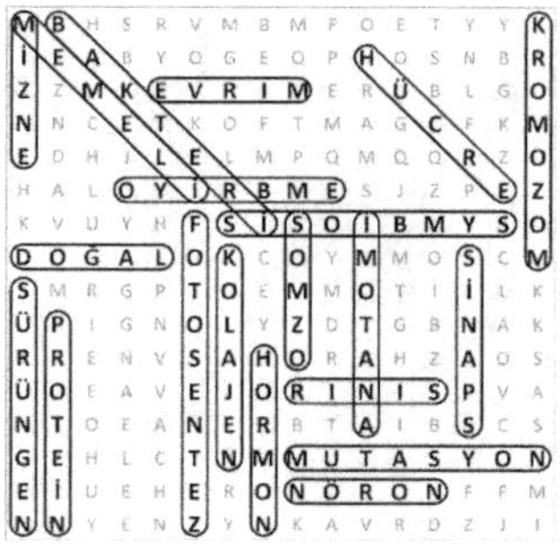

30 - Épices

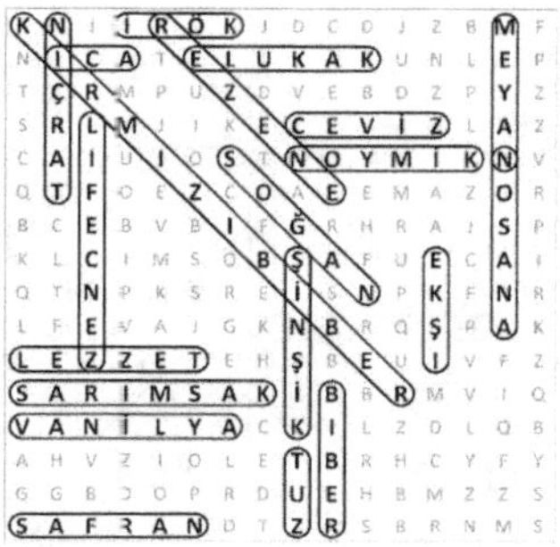

31 - Agronomie

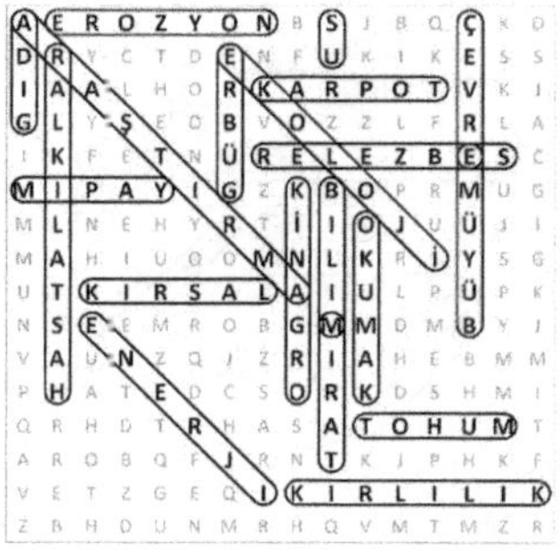

32 - Science

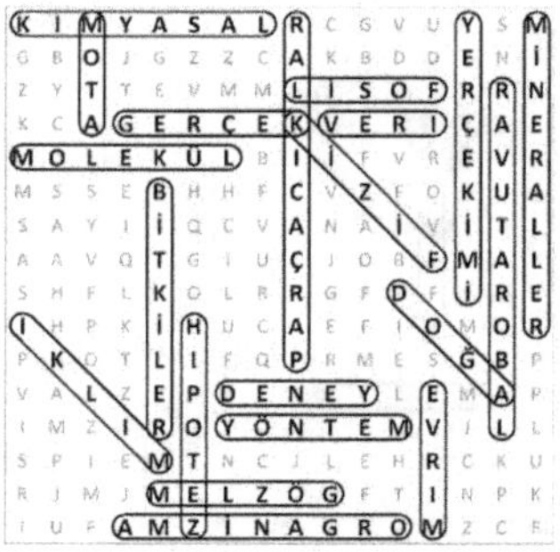

33 - Vêtements

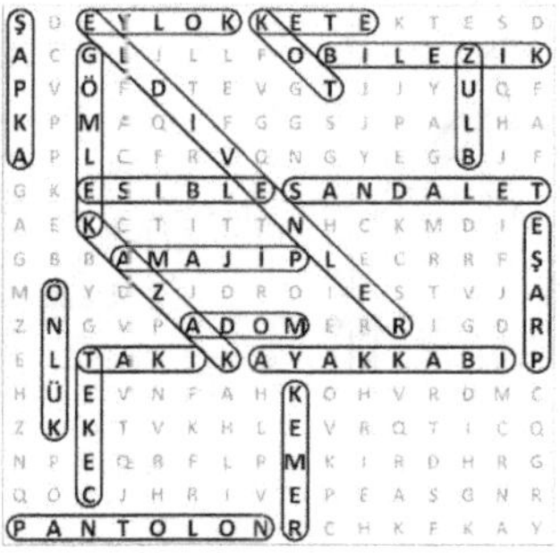

34 - Méditation

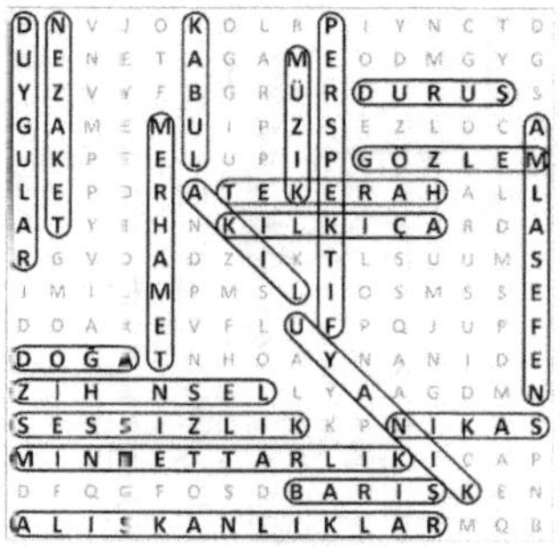

35 - Littérature

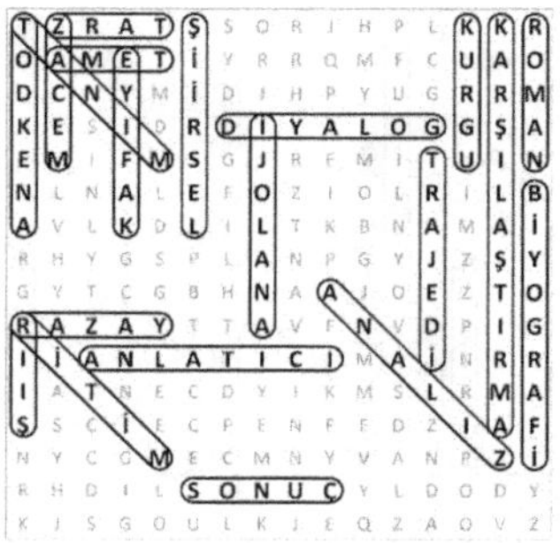

36 - Nourriture #1

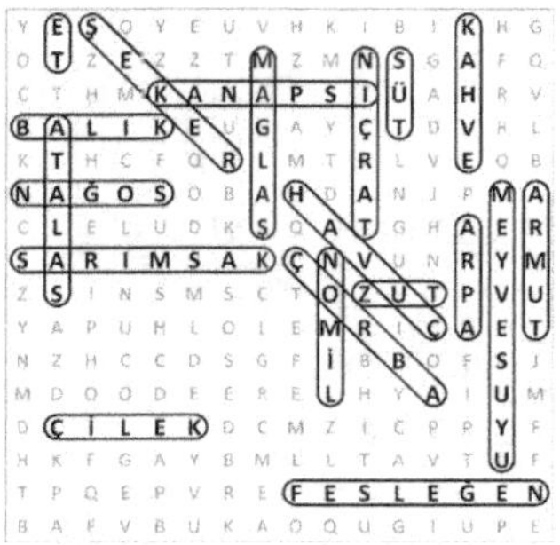

37 - Jours et Mois

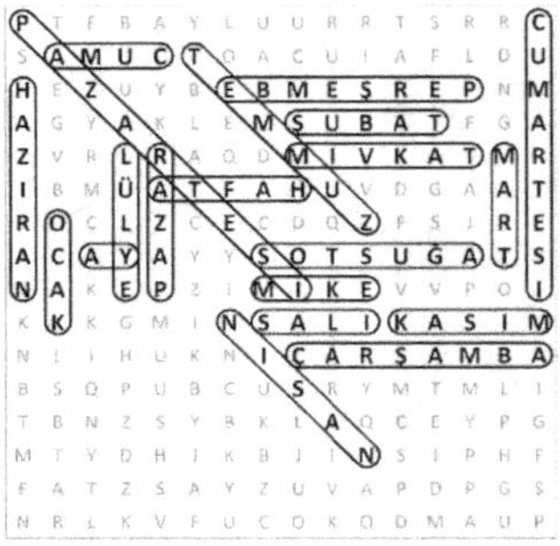

38 - Jardinage

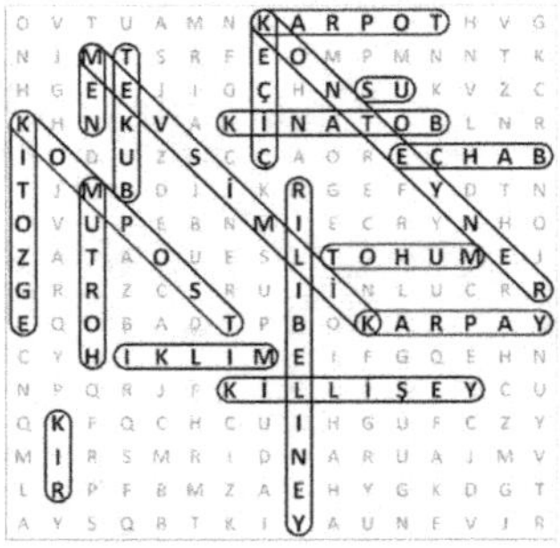

39 - Entreprise

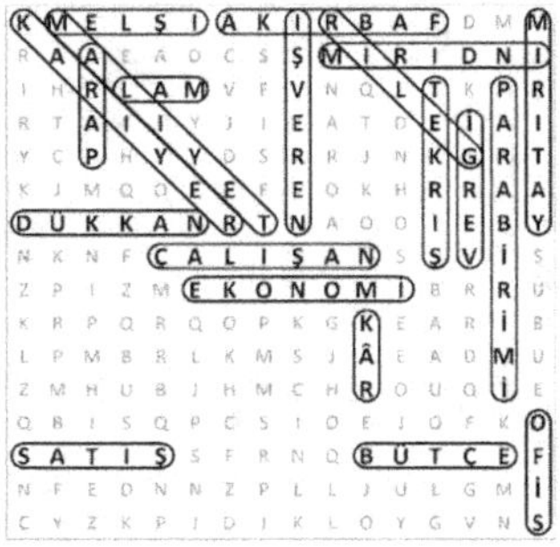

40 - Activités

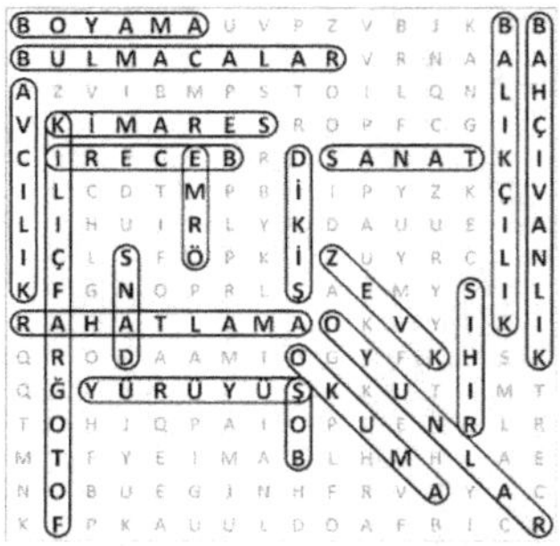

41 - Mode

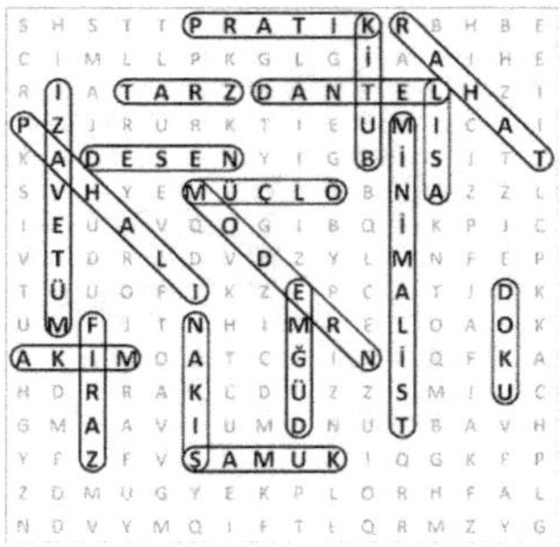

42 - Fleurs

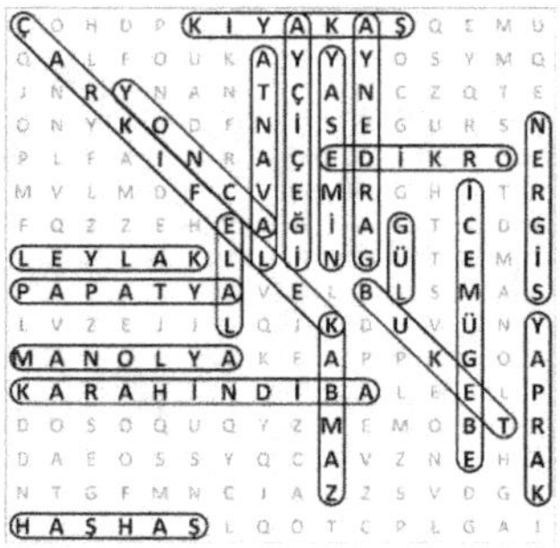

43 - Nourriture #2

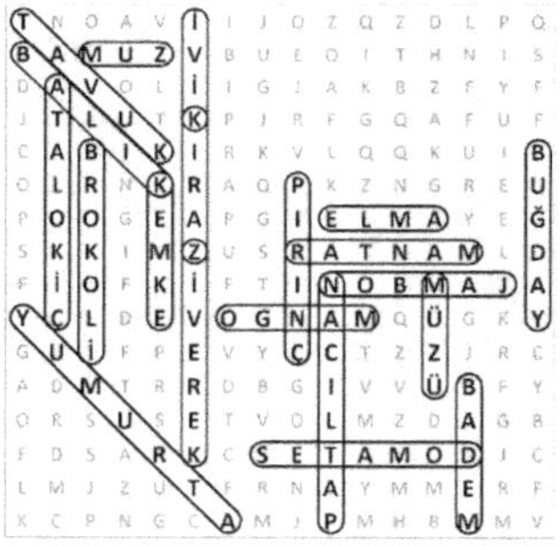

44 - Algèbre

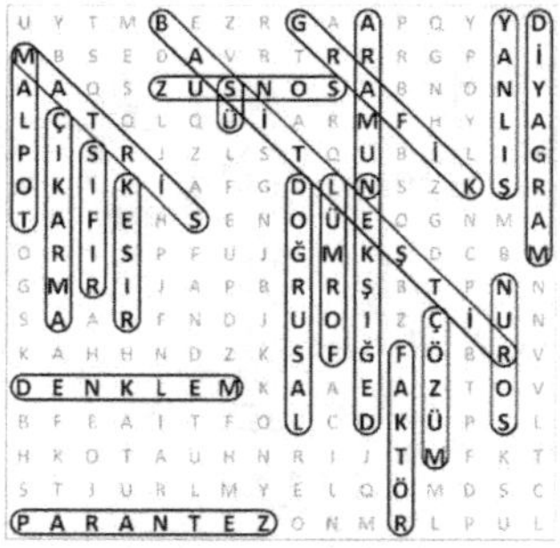

45 - Océan

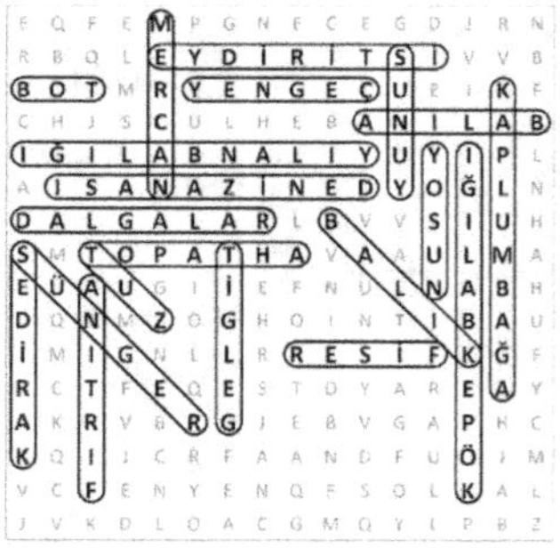

46 - Remplir

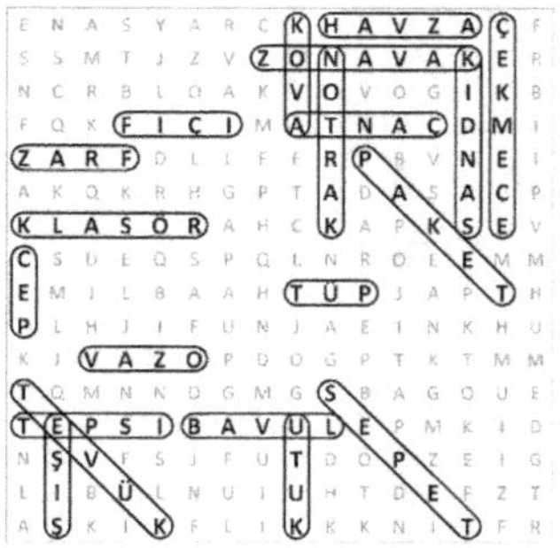

47 - Antiquités

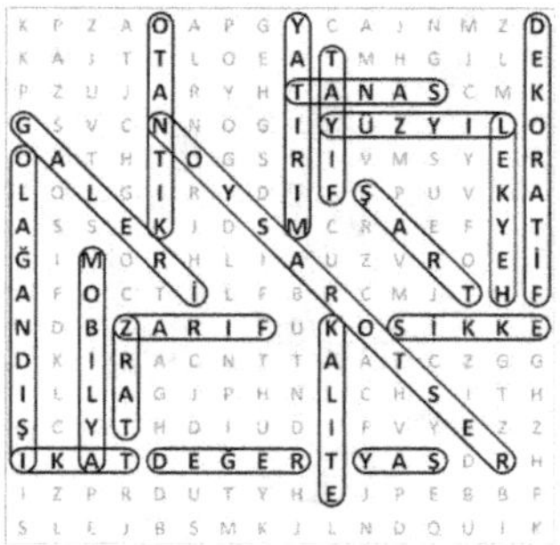

48 - Boxe

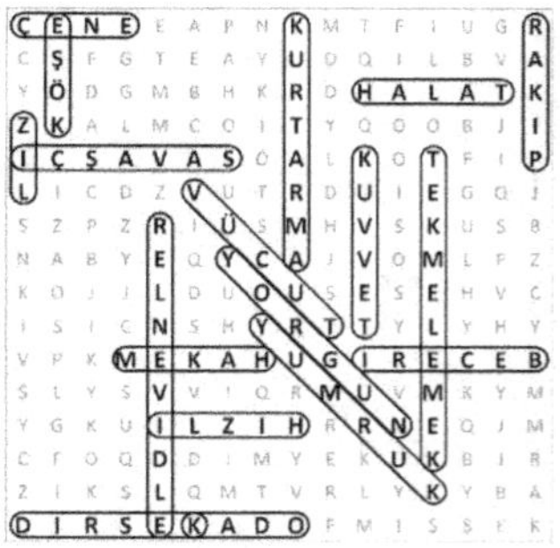

49 - Réchauffement Cli

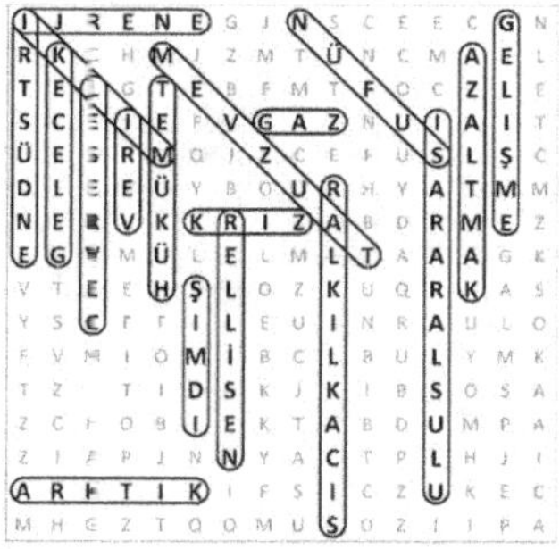

50 - Ballet

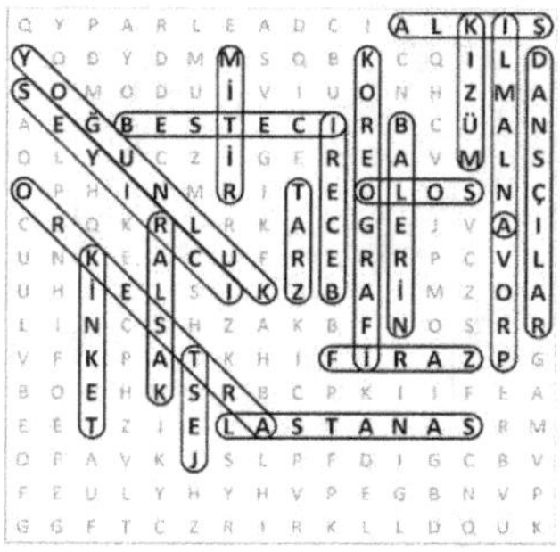

51 - Fruit

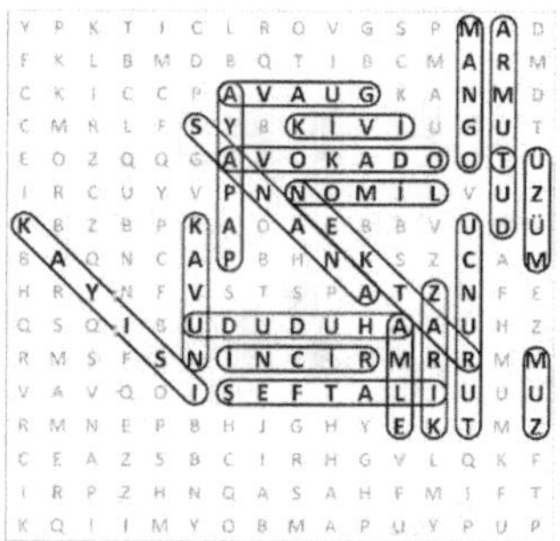

52 - Musique

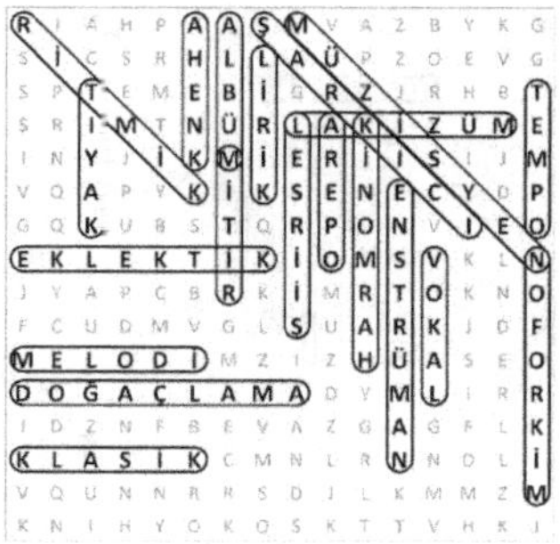

53 - Météo

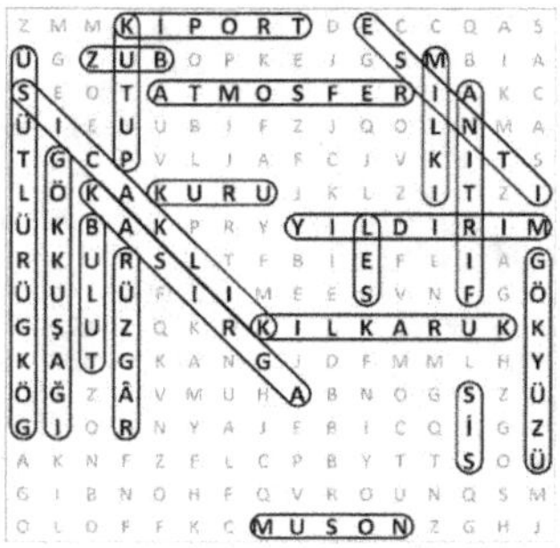

54 - L'Entreprise

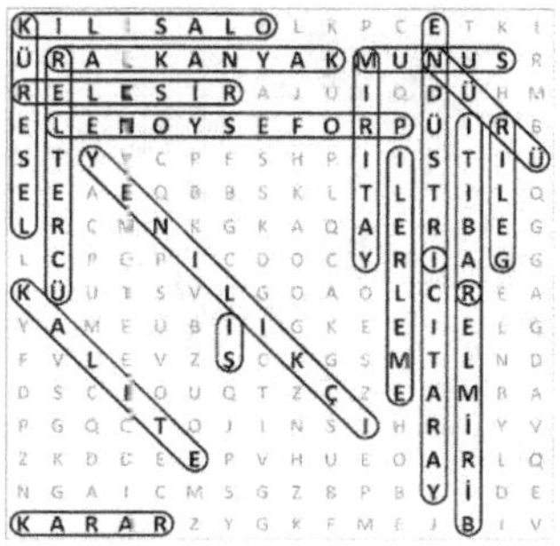

55 - Gouvernement

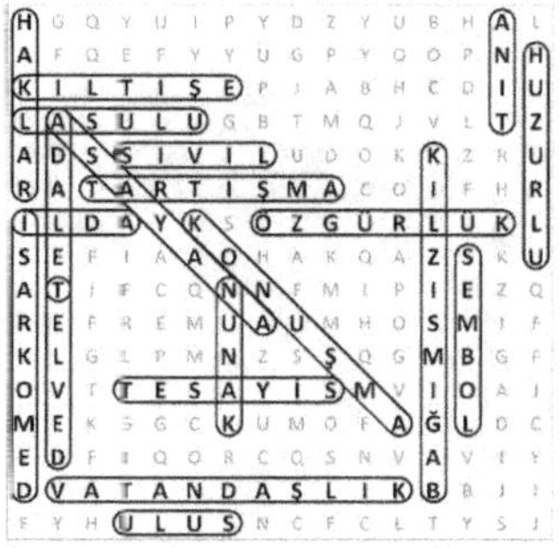

56 - Randonnée

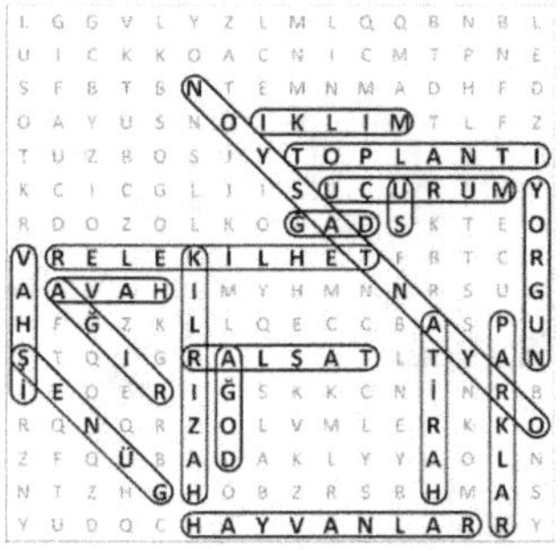

57 - Nutrition

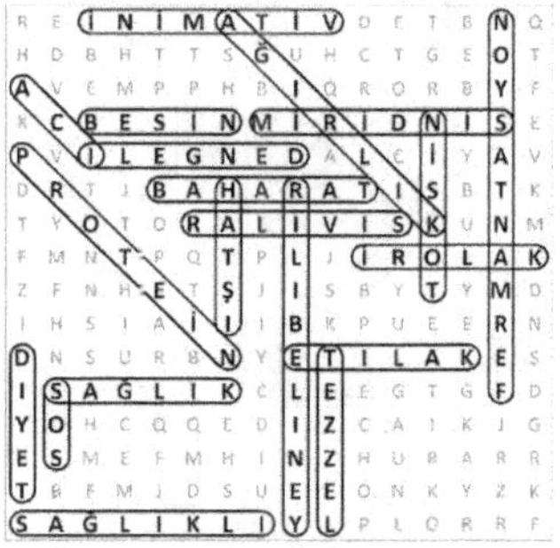

58 - Science Fiction

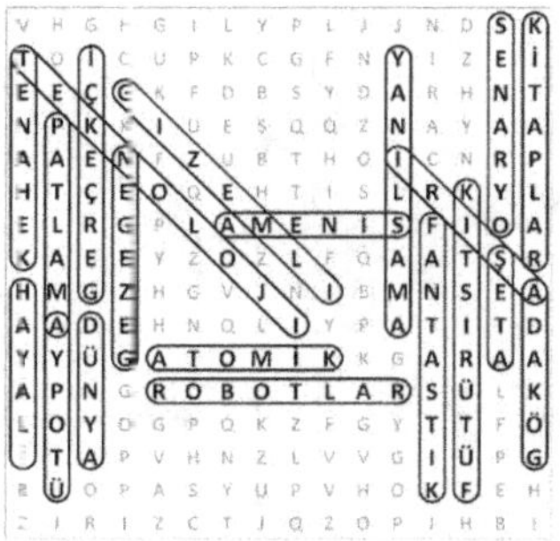

59 - Professions #1

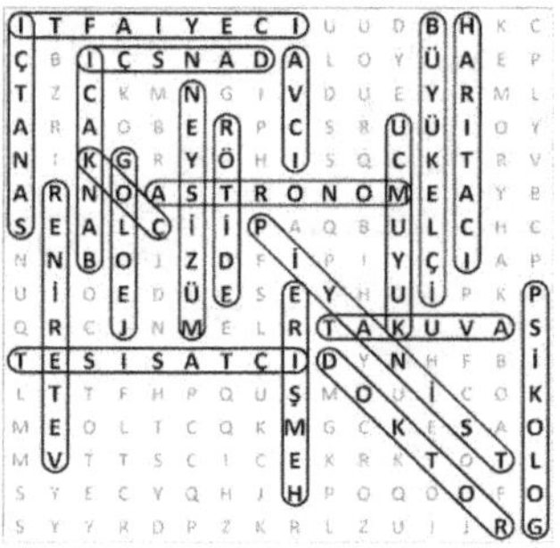

60 - Géologie

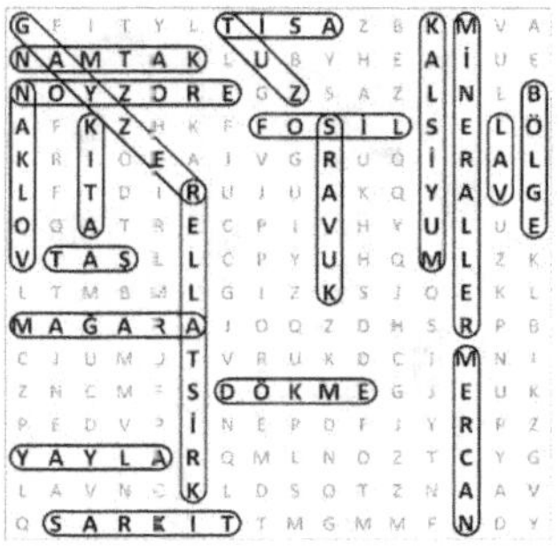

61 - Jardin

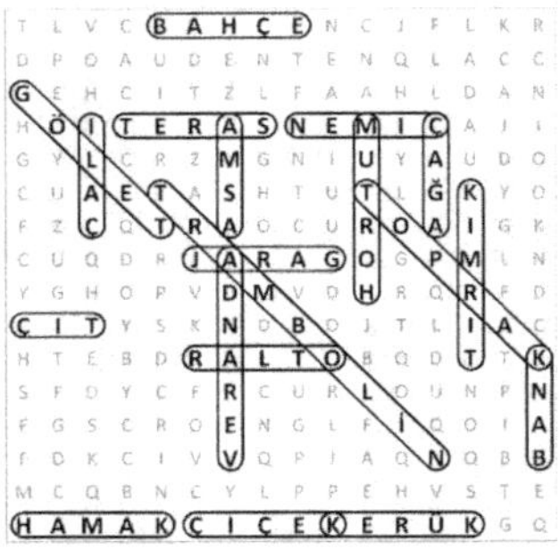

62 - Santé et Bien Être #1

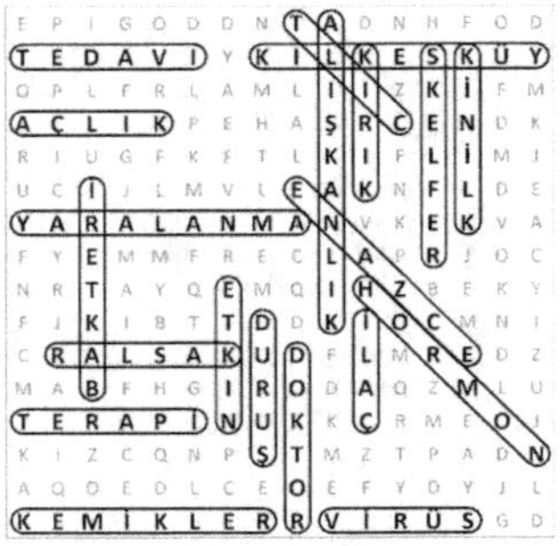

63 - Barbecues

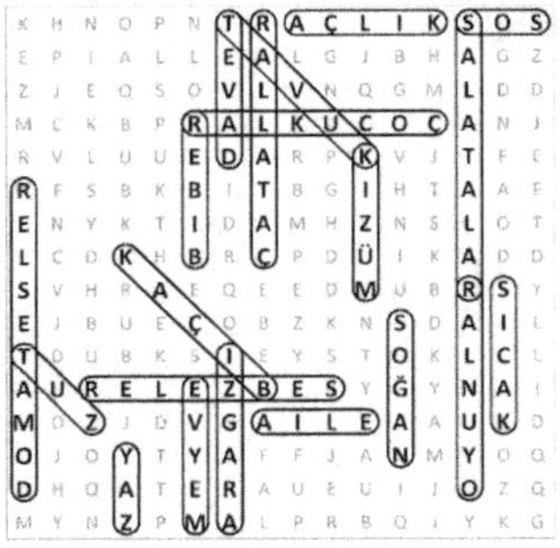

64 - Insectes

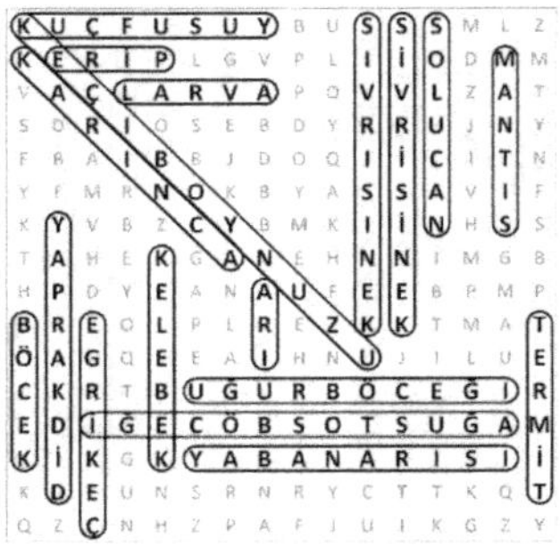

65 - Ferme #1

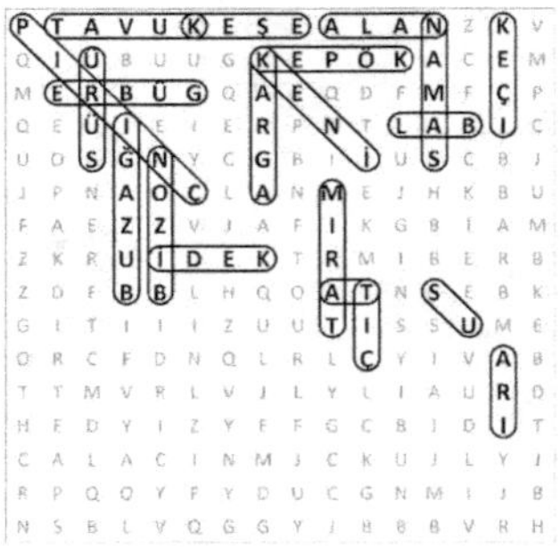

66 - Antarctique

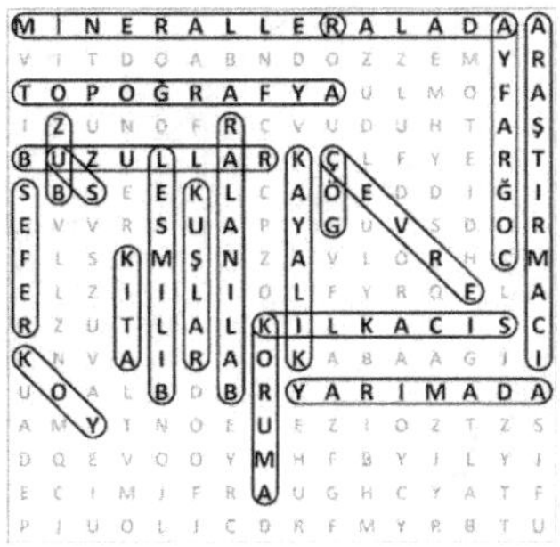

67 - Professions #2

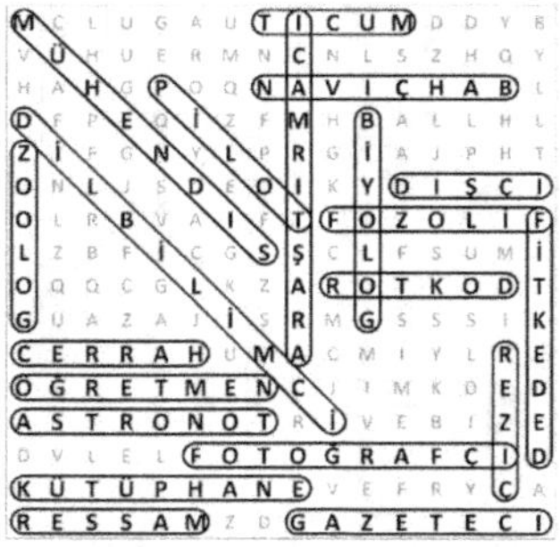

68 - Les Abeilles

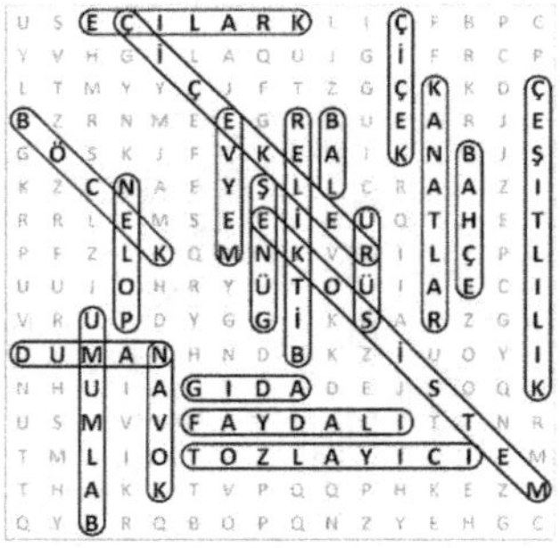

69 - Santé et Bien Être #2

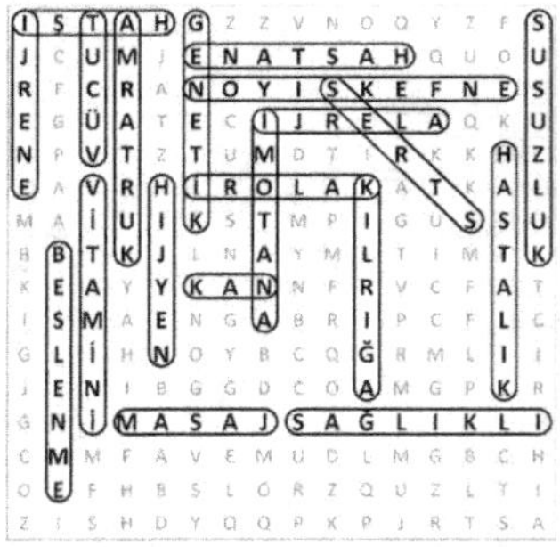

70 - Conduite

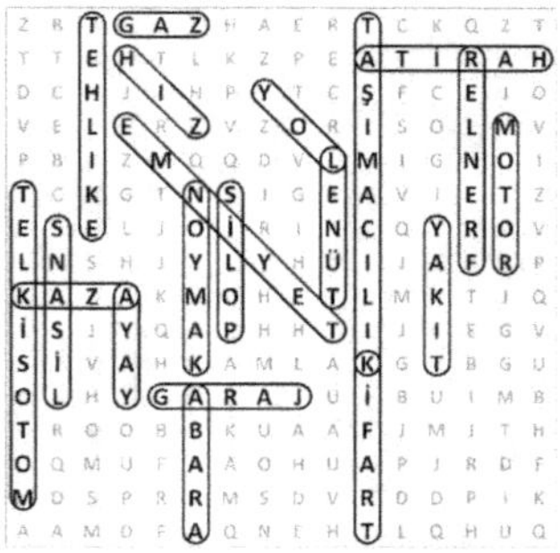

71 - Plantes

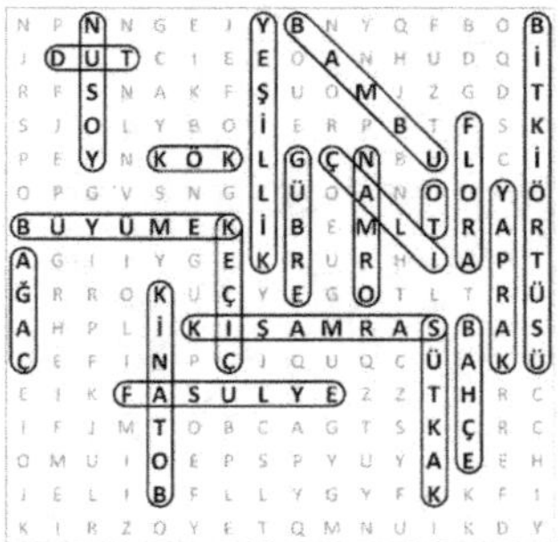

72 - Ferme #2

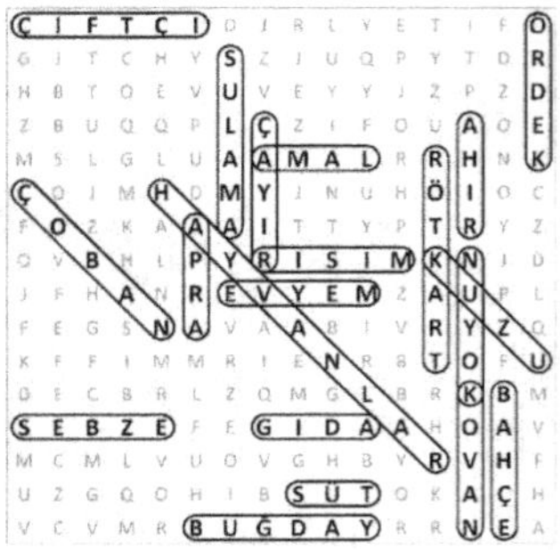

73 - Vacances #2

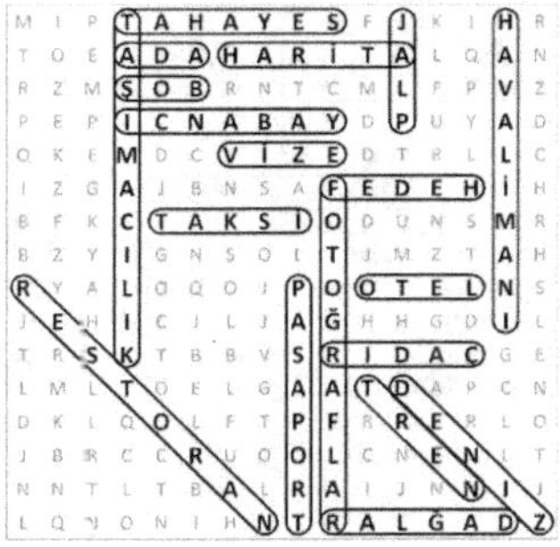

74 - Éthique

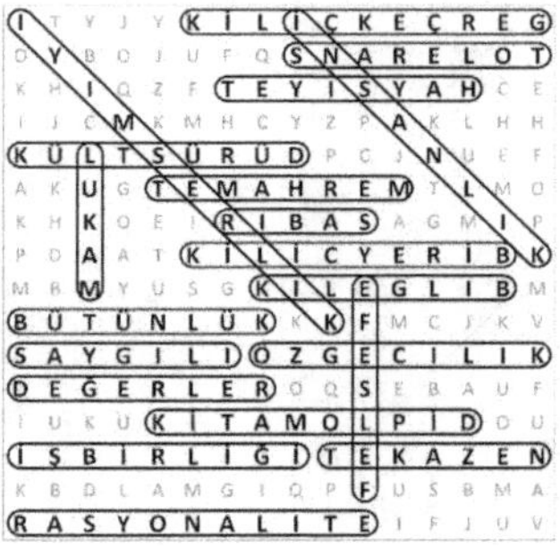

75 - Temps

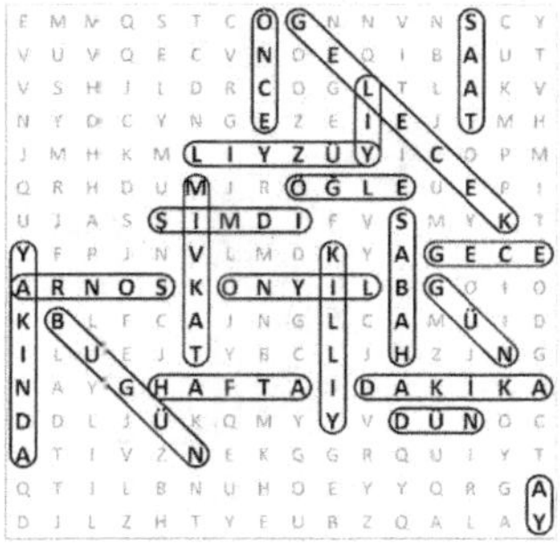

76 - Maison

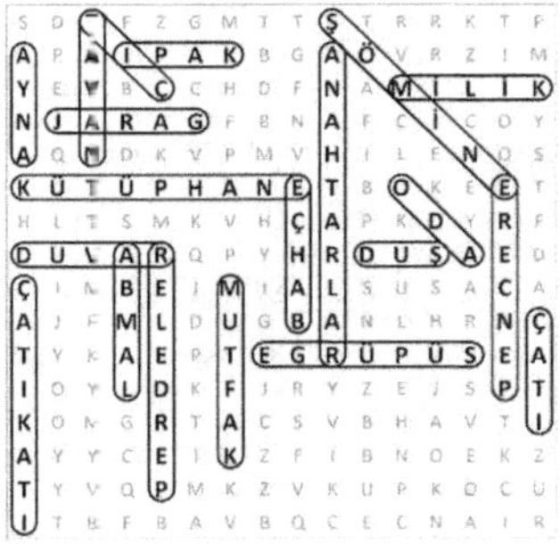

77 - Légumes

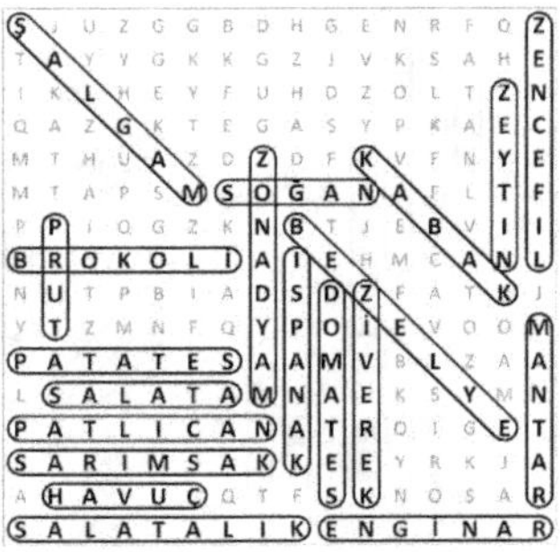

78 - Famille

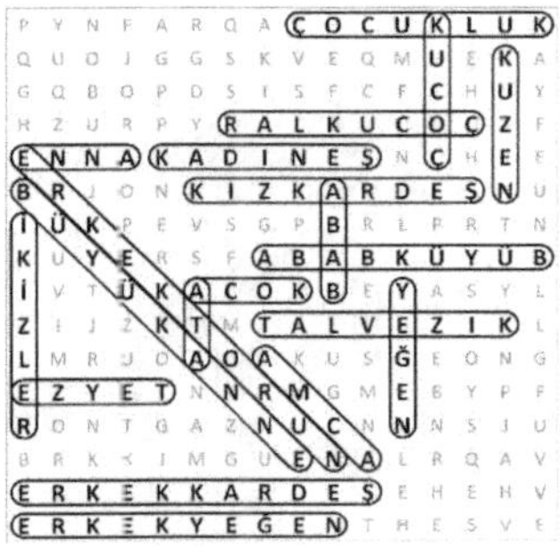

79 - Oiseaux

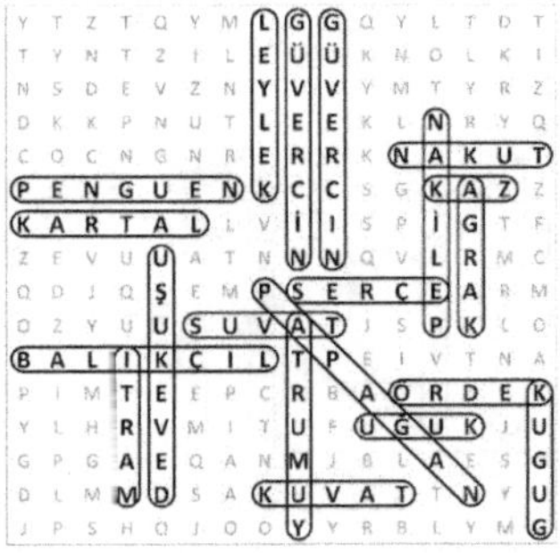

80 - Disciplines Scientifiques

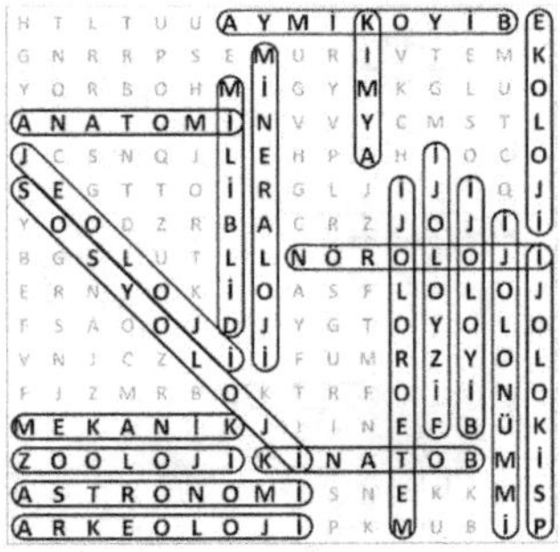

81 - Maladie

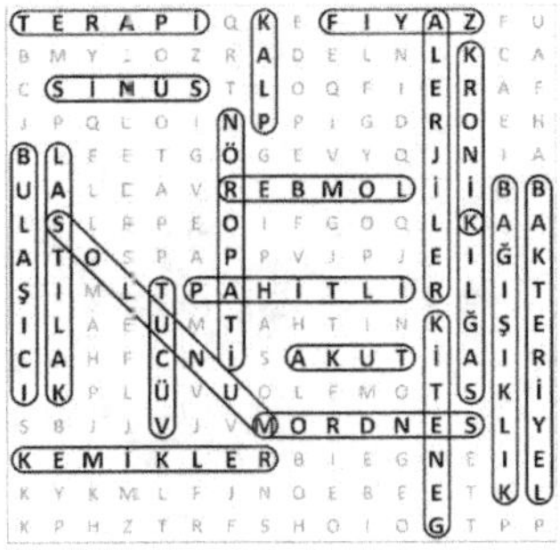

82 - Émotions

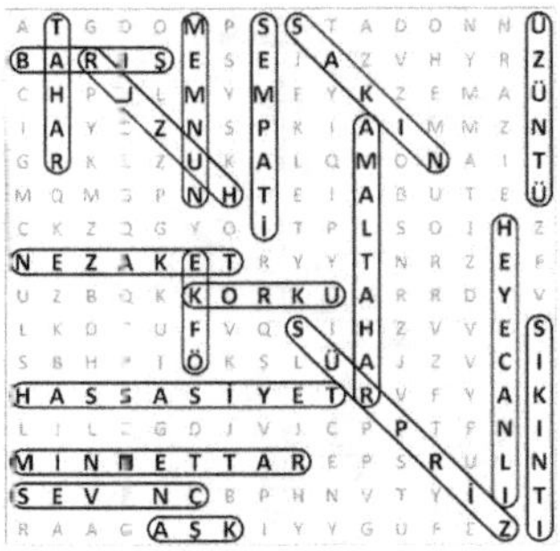

83 - Univers

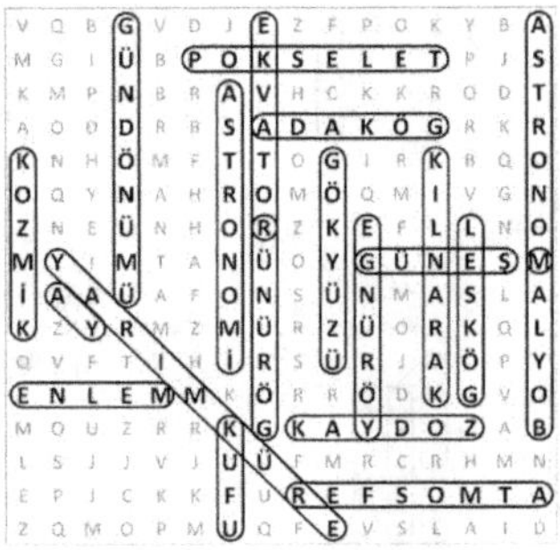

84 - Géographie

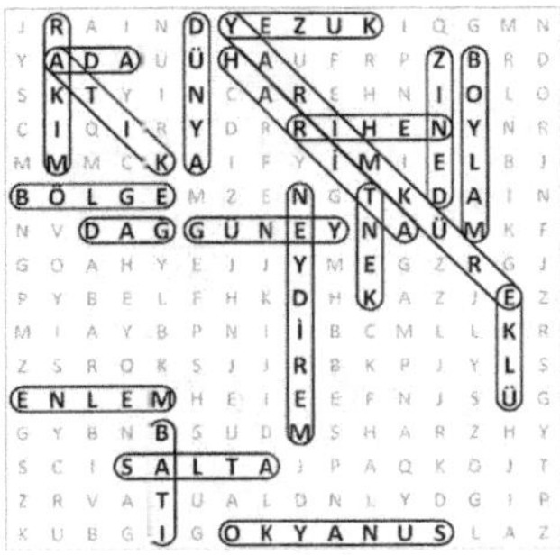

85 - Danse

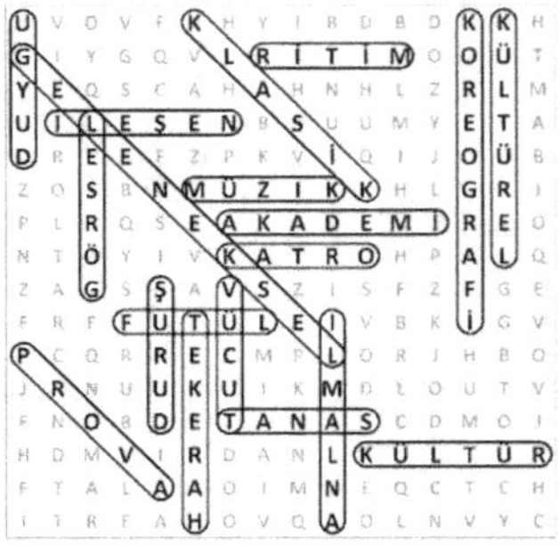

86 - Bâtiments

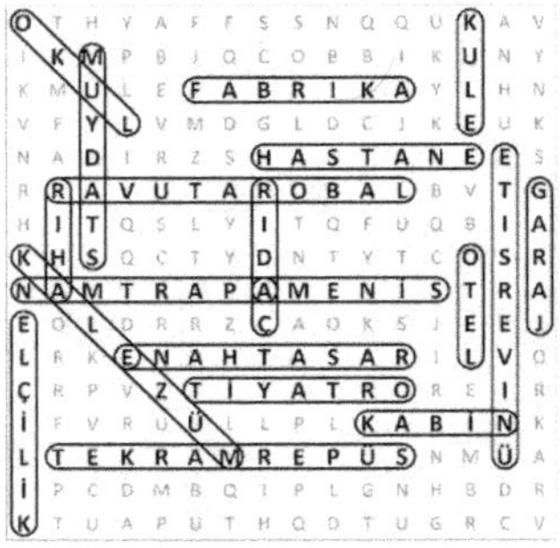

87 - Activités et Loisirs

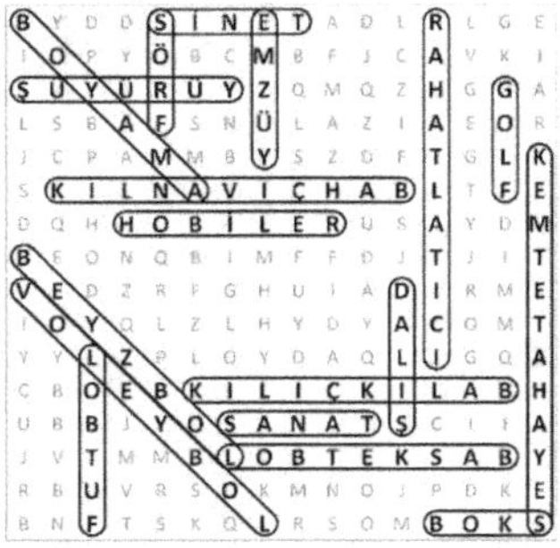

88 - Livres

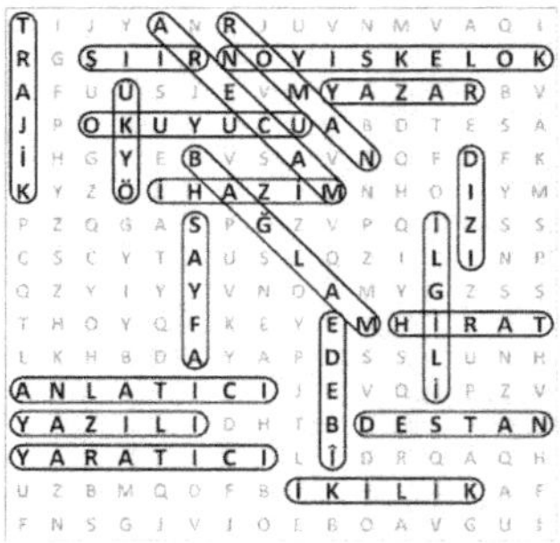

89 - Pays #2

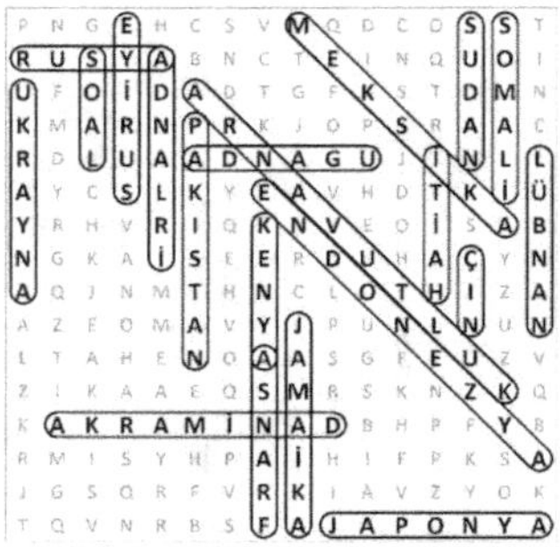

90 - Politique

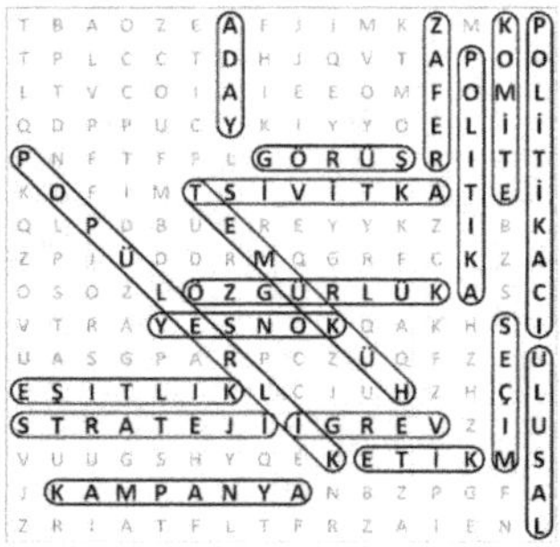

91 - Fournitures d'Art

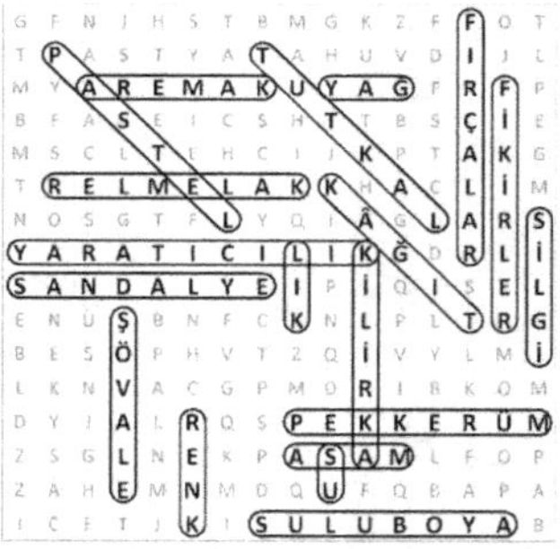

92 - Jazz

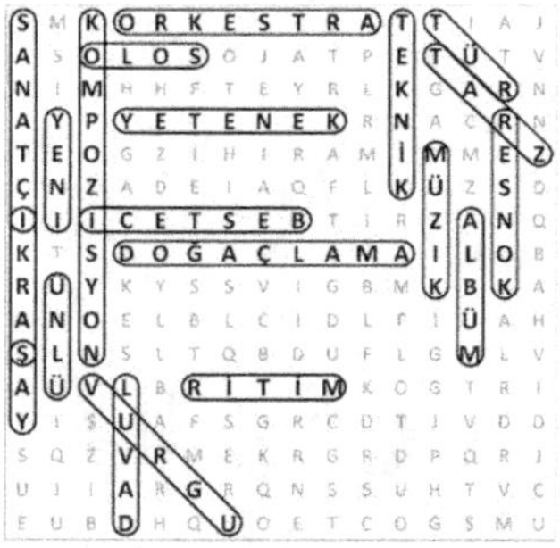

93 - Paysages

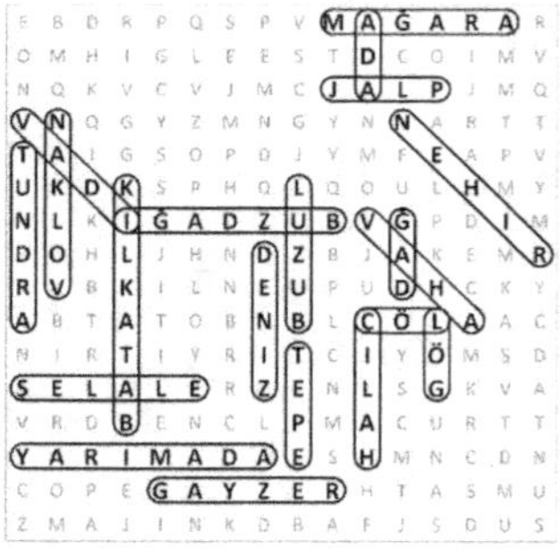

94 - Pays #1

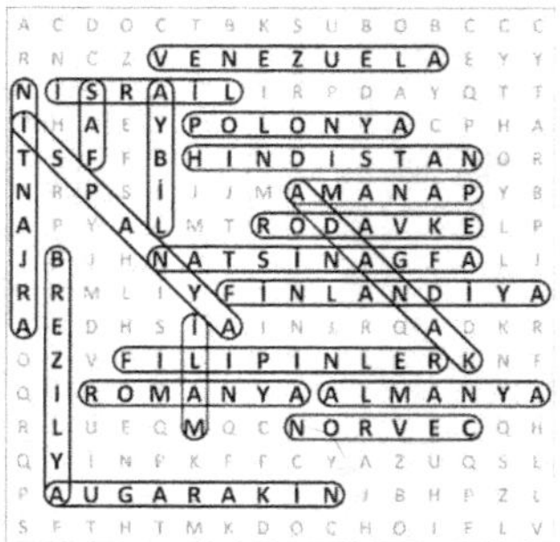

95 - Nombres

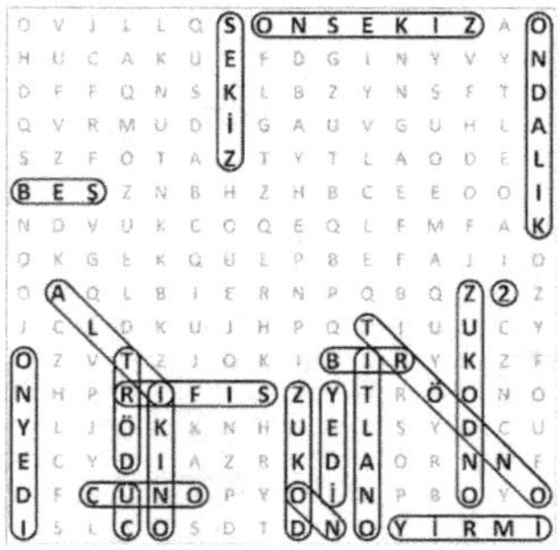

96 - Psychologie

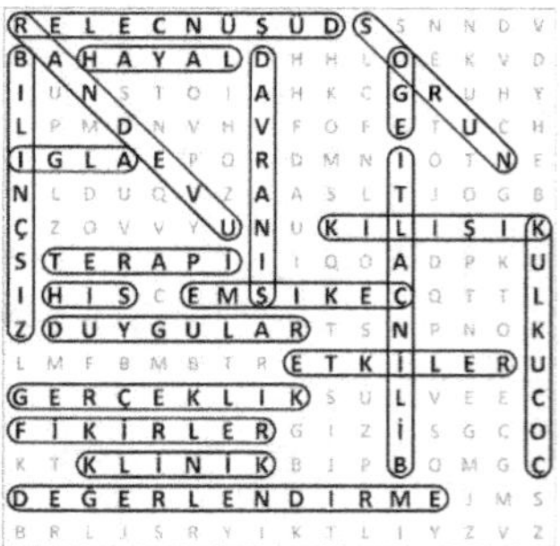

97 - Nature

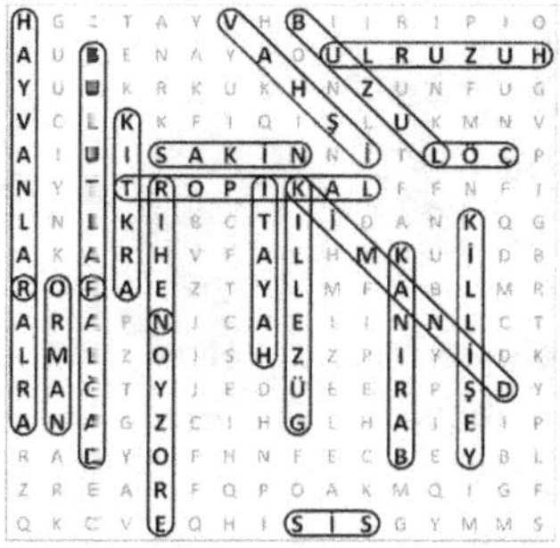

98 - Chimie

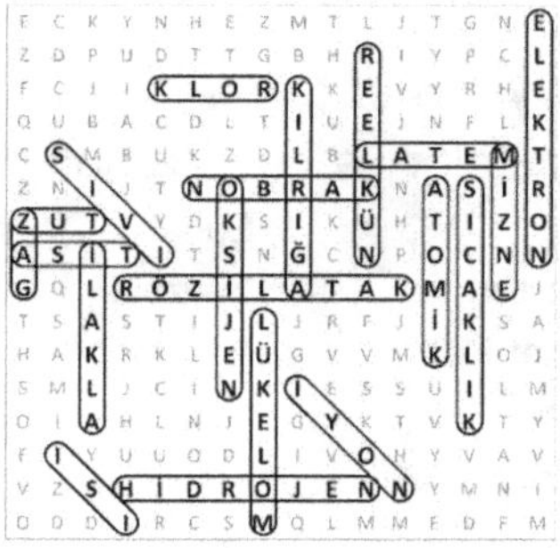

99 - Bateaux

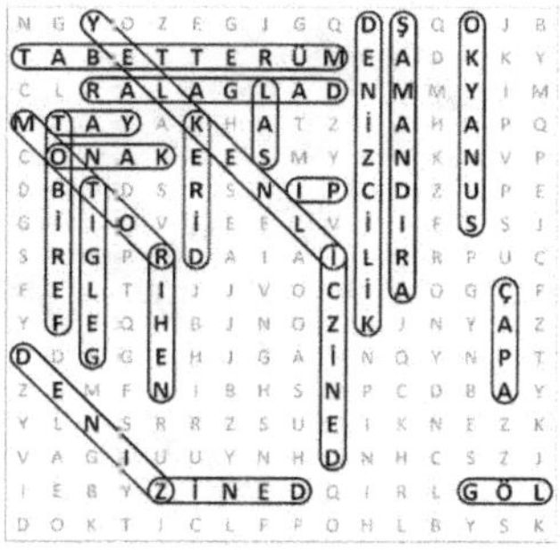

100 - Mesures

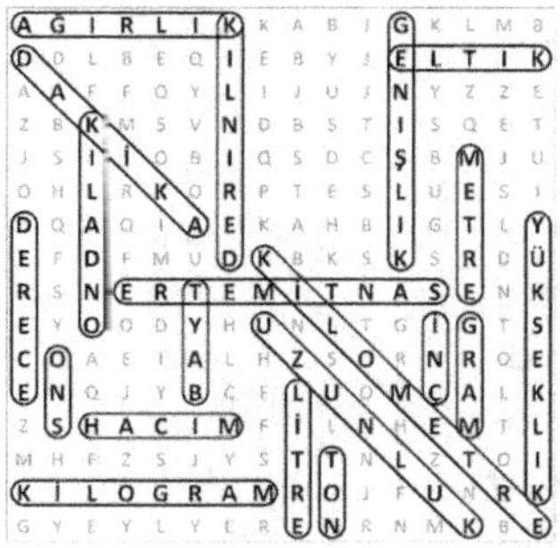

Dictionnaire

Activités
Etkinlikler

Art	Sanat
Céramique	Seramik
Chasse	Avcilik
Compétence	Beceri
Couture	Dikiş
Danse	Dans
Jardinage	Bahçivanlik
Jeux	Oyunlar
Lecture	Okuma
Loisir	Boş
Magie	Sihir
Peinture	Boyama
Pêche	Balikçilik
Photographie	Fotoğrafçilik
Plaisir	Zevk
Puzzles	Bulmacalar
Randonnée	Yürüyüş
Relaxation	Rahatlama
Tricot	Örme

Activités et Loisirs
Aktiviteler ve boş Zaman

Art	Sanat
Base-Ball	Beyzbol
Basket-Ball	Basketbol
Boxe	Boks
Football	Futbol
Golf	Golf
Jardinage	Bahçivanlik
Nager	Yüzme
Passe-Temps	Hobiler
Peinture	Boyama
Pêche	Balikçilik
Plongée	Daliş
Randonnée	Yürüyüş
Relaxant	Rahatlatici
Surf	Sörf
Tennis	Tenis
Volley-Ball	Voleybol
Voyage	Seyahat Etmek

Adjectifs #1
Sıfatlar #1

Absolu	Mutlak
Actif	Etkin
Ambitieux	Hirsli
Aromatique	Aromatik
Artistique	Sanatsal
Attractif	Çekici
Beau	Güzel
Exotique	Egzotik
Énorme	Kocaman
Généreux	Cömert
Honnête	Dürüst
Identique	Özdeş
Important	Önemli
Innocent	Masum
Jeune	Genç
Lent	Yavaş
Lourd	Ağir
Mince	Ince
Moderne	Modern
Parfait	Kusursuz

Adjectifs #2
Sıfatlar #2

Authentique	Otantik
Célèbre	Ünlü
Créatif	Yaratici
Descriptif	Açiklayici
Doué	Yetenekli
Dramatique	Dramatik
Élégant	Zarif
Fier	Gururlu
Fort	Güçlü
Intéressant	Enteresan
Naturel	Doğal
Nouveau	Yeni
Productif	Üretken
Pur	Saf
Responsable	Sorumlu
Sain	Sağlikli
Salé	Tuzlu
Sauvage	Vahşi
Sec	Kuru
Somnolent	Uykulu

Agronomie
Tarım

Agriculture	Tarim
Croissance	Büyüme
Eau	Su
Engrais	Gübre
Environnement	Çevre
Écologie	Ekoloji
Énergie	Enerji
Érosion	Erozyon
Étude	Okumak
Graines	Tohum
Légumes	Sebzeler
Maladies	Hastaliklar
Nourriture	Gida
Organique	Organik
Pollution	Kirlilik
Production	Yapim
Recherche	Araştirma
Rural	Kirsal
Science	Bilim
Sol	Toprak

Algèbre
Cebir

Diagramme	Diyagram
Exposant	Üs
Équation	Denklem
Facteur	Faktör
Faux	Yanliş
Formule	Formül
Fraction	Kesir
Graphique	Grafik
Infini	Sonsuz
Linéaire	Doğrusal
Matrice	Matris
Nombre	Numara
Parenthèse	Parantez
Problème	Sorun
Simplifier	Basitleştir
Solution	Çözüm
Somme	Toplam
Soustraction	Çikarma
Variable	Değişken
Zéro	Sifir

Antarctique
Antarktika

Baie	Koy
Baleines	Balinalar
Chercheur	Araştirmaci
Conservation	Koruma
Continent	Kita
Eau	Su
Environnement	Çevre
Expédition	Sefer
Géographie	Coğrafya
Glace	Buz
Glaciers	Buzullar
Îles	Adalar
Migration	Göç
Minéraux	Mineraller
Oiseaux	Kuşlar
Péninsule	Yarimada
Rocheux	Kayalik
Scientifique	Bilimsel
Température	Sicaklik
Topographie	Topoğrafya

Antiquités
Antikacılar

Art	Sanat
Authentique	Otantik
Bijoux	Taki
Condition	Şart
Décoratif	Dekoratif
Élégant	Zarif
Galerie	Galeri
Inhabituel	Olağan Dişi
Investissement	Yatirim
Meubles	Mobilya
Pièces	Sikke
Prix	Fiyat
Qualité	Kalite
Restauration	Restorasyon
Sculpture	Heykel
Siècle	Yüzyil
Style	Tarz
Valeur	Değer
Vieux	Yaş

Archéologie
Arkeoloji

Analyse	Analiz
Chercheur	Araştirmaci
Civilisation	Medeniyet
Descendant	Döl
Expert	Uzman
Ère	Çağ
Équipe	Takim
Évaluation	Değerlendirme
Fossile	Fosil
Fragments	Parça
Inconnu	Bilinmeyen
Mystère	Gizem
Objets	Nesne
Os	Kemikler
Oublié	Unutulmuş
Professeur	Profesör
Relique	Kalinti
Temple	Tapinak
Tombe	Mezar

Astronomie
Astronomi

Astronaute	Astronot
Astronome	Astronom
Ciel	Gökyüzü
Constellation	Takimyildiz
Éclipse	Tutulma
Équinoxe	Ekinoks
Fusée	Roket
Galaxie	Gökada
Lune	Ay
Météore	Meteor
Nébuleuse	Bulutsu
Observatoire	Rasathane
Planète	Gezegen
Radiation	Radyasyon
Satellite	Uydu
Solaire	Güneş
Supernova	Süpernova
Terre	Toprak
Télescope	Teleskop
Univers	Evren

Aventure
Macera

Beauté	Güzellik
Bravoure	Cesaret
Chance	Şans
Dangereux	Tehlikeli
Destination	Hedef
Défis	Zorluklar
Difficulté	Zorluk
Enthousiasme	Heves
Excursion	Gezi
Inhabituel	Olağan Dişi
Itinéraire	Güzergah
Joie	Sevinç
Nature	Doğa
Navigation	Sefer
Nouveau	Yeni
Opportunité	Firsat
Préparation	Hazirlik
Sécurité	Emniyet
Surprenant	Şaşirtici
Voyages	Seyahatler

Avions
Uçaklar

Air	Hava
Altitude	Rakim
Atmosphère	Atmosfer
Aventure	Macera
Ballon	Balon
Carburant	Yakit
Ciel	Gökyüzü
Construction	Yapi
Descente	Iniş
Direction	Yön
Équipage	Mürettebat
Gonfler	Şişirmek
Hauteur	Yükseklik
Hélices	Pervane
Histoire	Tarih
Hydrogène	Hidrojen
Moteur	Motor
Passager	Yolcu
Pilote	Pilot
Turbulence	Türbülans

Ballet
Bale

Applaudissement	Alkiş
Artistique	Sanatsal
Ballerine	Balerin
Chorégraphie	Koreografi
Compétence	Beceri
Compositeur	Besteci
Danseurs	Dansçilar
Expressif	Anlamli
Geste	Jest
Gracieux	Zarif
Intensité	Yoğunluk
Muscles	Kaslar
Musique	Müzik
Orchestre	Orkestra
Public	Seyirci
Répétition	Prova
Rythme	Ritim
Solo	Solo
Style	Tarz
Technique	Teknik

Barbecues
Barbeküler

Chaud	Sicak
Couteaux	Biçak
Enfants	Çocuklar
Été	Yaz
Faim	Açlik
Famille	Aile
Fourchettes	Çatallar
Fruit	Meyve
Gril	Izgara
Invitation	Davet
Jeux	Oyunlar
Légumes	Sebzeler
Musique	Müzik
Oignons	Soğan
Poivre	Biber
Poulet	Tavuk
Salades	Salatalar
Sauce	Sos
Sel	Tuz
Tomates	Domatesler

Bateaux
Tekneler

Ancre	Çapa
Bouée	Şamandira
Canoë	Kano
Corde	Ip
Équipage	Mürettebat
Ferry	Feribot
Fleuve	Nehir
Lac	Göl
Marée	Gelgit
Marin	Denizci
Maritime	Denizcilik
Mât	Direk
Mer	Deniz
Moteur	Motor
Nautique	Deniz
Océan	Okyanus
Radeau	Sal
Vagues	Dalgalar
Voilier	Yelkenli
Yacht	Yat

Bâtiments
Site

Ambassade	Elçilik
Appartement	Apartman
Cabine	Kabin
Château	Kale
Cinéma	Sinema
École	Okul
Garage	Garaj
Grange	Ahir
Hôpital	Hastane
Hôtel	Otel
Laboratoire	Laboratuvar
Musée	Müze
Observatoire	Rasathane
Stade	Stadyum
Supermarché	Süpermarket
Tente	Çadir
Théâtre	Tiyatro
Tour	Kule
Université	Üniversite
Usine	Fabrika

Beauté
Güzellik

Charme	Cazibe
Ciseaux	Makas
Cosmétique	Kozmetik
Couleur	Renk
Élégance	Zarafet
Élégant	Zarif
Grâce	Lütuf
Huiles	Yağlar
Lisse	Düz
Maquillage	Makyaj
Mascara	Maskara
Miroir	Ayna
Parfum	Koku
Peau	Cilt
Photogénique	Fotojenik
Rouge à Lèvres	Ruj
Shampooing	Şampuan
Styliste	Stilist

Biologie
Biyoloji

Anatomie	Anatomi
Bactéries	Bakteri
Cellule	Hücre
Chromosome	Kromozom
Collagène	Kolajen
Embryon	Embriyo
Enzyme	Enzim
Évolution	Evrim
Hormone	Hormon
Mammifère	Memeli
Mutation	Mutasyon
Naturel	Doğal
Nerf	Sinir
Neurone	Nöron
Osmose	Ozmos
Photosynthèse	Fotosentez
Protéine	Protein
Reptile	Sürüngen
Symbiose	Symbiosis
Synapse	Sinaps

Boxe
Kutulama

Adversaire	Rakip
Arbitre	Hakem
Cloche	Zil
Coin	Köşe
Combattant	Savaşçi
Compétence	Beceri
Concentrer	Odak
Cordes	Halat
Corps	Vücut
Coude	Dirsek
Coup	Tekmelemek
Épuisé	Yorgun
Force	Kuvvet
Gants	Eldivenler
Menton	Çene
Poing	Yumruk
Rapide	Hizli
Récupération	Kurtarma

Camping
Kamp Yapmak

Animaux	Hayvanlar
Arbres	Ağaçlar
Aventure	Macera
Boussole	Pusula
Cabine	Kabin
Canoë	Kano
Carte	Harita
Chapeau	Şapka
Chasse	Avcilik
Corde	Ip
Feu	Ateş
Forêt	Orman
Hamac	Hamak
Insecte	Böcek
Lac	Göl
Lanterne	Fener
Lune	Ay
Montagne	Dağ
Nature	Doğa
Tente	Çadir

Chimie
Kimya

Acide	Asit
Alcalin	Alkali
Atomique	Atomik
Carbone	Karbon
Catalyseur	Katalizör
Chaleur	Isi
Chlore	Klor
Enzyme	Enzim
Électron	Elektron
Gaz	Gaz
Hydrogène	Hidrojen
Ion	İyon
Liquide	Sivi
Métaux	Metal
Molécule	Molekül
Nucléaire	Nükleer
Oxygène	Oksijen
Poids	Ağirlik
Sel	Tuz
Température	Sicaklik

Chocolat
Çikolatalı

Amer	Aci
Antioxydant	Antioksidan
Arôme	Aroma
Artisanal	Zanaat
Cacao	Kakao
Calories	Kalori
Caramel	Karamel
Délicieux	Lezzetli
Doux	Tatli
Envie	Özlem
Exotique	Egzotik
Favori	Favori
Goût	Tat
Ingrédient	Içerik
Poudre	Toz
Qualité	Kalite
Saveur	Lezzet
Sucre	Şeker

Conduite
Sürüş

Accident	Kaza
Camion	Kamyon
Carburant	Yakit
Carte	Harita
Danger	Tehlike
Freins	Frenler
Garage	Garaj
Gaz	Gaz
Licence	Lisans
Moteur	Motor
Moto	Motosiklet
Piéton	Yaya
Police	Polis
Route	Yol
Sécurité	Emniyet
Trafic	Trafik
Transport	Taşimacilik
Tunnel	Tünel
Vitesse	Hiz
Voiture	Araba

Corps Humain
İnsan Vücudu

Bouche	Ağiz
Cerveau	Beyin
Cheville	Ayak Bileği
Cou	Boyun
Coude	Dirsek
Cœur	Kalp
Doigt	Parmak
Estomac	Mide
Épaule	Omuz
Genou	Diz
Langue	Dil
Lèvres	Dudak
Main	El
Menton	Çene
Nez	Burun
Oreille	Kulak
Peau	Cilt
Sang	Kan
Tête	Baş
Visage	Yüz

Cuisine
Mutfak

Bol	Tas
Bouilloire	Kazan
Congélateur	Dondurucu
Couteaux	Biçak
Cruche	Sürahi
Cuillères	Kaşik
Épices	Baharat
Éponge	Sünger
Four	Firin
Fourchettes	Çatallar
Gril	Izgara
Louche	Kepçe
Nourriture	Gida
Pot	Kavanoz
Réfrigérateur	Buzdolabi
Serviette	Peçete
Tablier	Önlük
Tasses	Bardak

Danse
Dans

Académie	Akademi
Art	Sanat
Chorégraphie	Koreografi
Classique	Klasik
Corps	Vücut
Culture	Kültür
Culturel	Kültürel
Expressif	Anlamli
Émotion	Duygu
Grâce	Lütuf
Joyeux	Neşeli
Mouvement	Hareket
Musique	Müzik
Partenaire	Ortak
Posture	Duruş
Répétition	Prova
Rythme	Ritim
Traditionnel	Geleneksel
Visuel	Görsel

Diplomatie
Diplomasi

Ambassade	Elçilik
Ambassadeur	Büyükelçi
Campagnes	Kampanya
Citoyens	Vatandaşlar
Communauté	Topluluk
Conflit	Çekişme
Conseiller	Danişman
Coopération	İşbirliği
Diplomatique	Diplomatik
Discussion	Tartişma
Éthique	Etik
Étranger	Yabanci
Gouvernement	Hükümet
Humanitaire	İnsani
Intégrité	Bütünlük
Justice	Adalet
Politique	Siyaset
Sécurité	Güvenlik
Solution	Çözüm
Traité	Antlaşma

Disciplines Scientifiques
Bilimsel Disiplinler

Anatomie	Anatomi
Archéologie	Arkeoloji
Astronomie	Astronomi
Biochimie	Biyokimya
Biologie	Biyoloji
Botanique	Botanik
Chimie	Kimya
Écologie	Ekoloji
Géologie	Jeoloji
Immunologie	İmmünoloji
Linguistique	Dilbilim
Mécanique	Mekanik
Météorologie	Meteoroloji
Minéralogie	Mineraloji
Neurologie	Nöroloji
Physiologie	Fizyoloji
Psychologie	Psikoloji
Sociologie	Sosyoloji
Thermodynamique	Termodinamik
Zoologie	Zooloji

Entreprise
İşletme

Argent	Para
Boutique	Dükkan
Budget	Bütçe
Bureau	Ofis
Carrière	Kariyer
Coût	Maliyet
Devise	Para Birimi
Employeur	Işveren
Employé	Çalişan
Entreprise	Şirket
Économie	Ekonomi
Impôts	Vergi
Investissement	Yatirim
Marchandise	Mal
Profit	Kâr
Revenu	Gelir
Réduction	Indirim
Transaction	Işlem
Usine	Fabrika
Vente	Satiş

Échecs
Satranç

Adversaire	Rakip
Apprendre	Öğrenmek
Blanc	Beyaz
Champion	Şampiyon
Concours	Yarişma
Défis	Zorluklar
Diagonal	Çapraz
Jeu	Oyun
Joueur	Oyuncu
Noir	Siyah
Passif	Pasif
Reine	Kraliçe
Règles	Tüzük
Roi	Kral
Sacrifice	Kurban
Stratégie	Strateji
Temps	Zaman
Tournoi	Turnuva

Électricité
Elektrik

Aimant	Miknatis
Ampoule	Ampul
Batterie	Pil
Câble	Kablo
Électricien	Elektrikçi
Électrique	Elektrik
Fils	Teller
Générateur	Jeneratör
Lampe	Lamba
Laser	Lazer
Négatif	Olumsuz
Objets	Nesne
Positif	Pozitif
Prise	Yuva
Réseau	Ağ
Stockage	Depolama
Téléphone	Telefon
Télévision	Televizyon

Émotions
Duygular

Amour	Aşk
Calme	Sakin
Colère	Öfke
Détendu	Rahat
Ennui	Sikinti
Excité	Heyecanli
Gentillesse	Nezaket
Joie	Sevinç
Paix	Bariş
Peur	Korku
Reconnaissant	Minnettar
Relief	Rahatlama
Satisfait	Memnun
Surprise	Sürpriz
Sympathie	Sempati
Tendresse	Hassasiyet
Tranquillité	Huzur
Tristesse	Üzüntü

Énergie
Enerji

Batterie	Pil
Carbone	Karbon
Carburant	Yakit
Chaleur	Isi
Diesel	Mazot
Entropie	Entropi
Environnement	Çevre
Essence	Benzin
Électrique	Elektrik
Électron	Elektron
Hydrogène	Hidrojen
Industrie	Endüstri
Moteur	Motor
Nucléaire	Nükleer
Photon	Foton
Pollution	Kirlilik
Renouvelable	Yenilenebilir
Soleil	Güneş
Turbine	Türbin
Vent	Rüzgar

Épices
Baharat

Aigre	Ekşi
Ail	Sarimsak
Amer	Aci
Anis	Anason
Cannelle	Tarçin
Cardamome	Kakule
Coriandre	Kişniş
Cumin	Kimyon
Curry	Köri
Fenouil	Rezene
Gingembre	Zencefil
Muscade	Ceviz
Oignon	Soğan
Paprika	Kirmizi Biber
Poivre	Biber
Réglisse	Meyan
Safran	Safran
Saveur	Lezzet
Sel	Tuz
Vanille	Vanilya

Éthique
Etik

Altruisme	Özgecilik
Compassion	Merhamet
Coopération	İşbirliği
Dignité	Haysiyet
Diplomatique	Diplomatik
Gentillesse	Nezaket
Honnêteté	Dürüstlük
Humanité	İnsanlik
Individualisme	Bireycilik
Intégrité	Bütünlük
Optimisme	Iyimserlik
Patience	Sabir
Philosophie	Felsefe
Raisonnable	Makul
Rationalité	Rasyonalite
Respectueux	Saygili
Réalisme	Gerçekçilik
Sagesse	Bilgelik
Tolérance	Tolerans
Valeurs	Değerler

Famille
Aile

Ancêtre	Ata
Cousin	Kuzen
Enfance	Çocukluk
Enfant	Çocuk
Enfants	Çocuklar
Femme	Kadin Eş
Fille	Kiz Evlat
Frère	Erkek Kardeş
Grand-Mère	Büyükanne
Grand-Père	Büyük Baba
Jumeaux	İkizler
Mari	Koca
Mère	Anne
Neveu	Erkek Yeğen
Nièce	Yeğen
Oncle	Amca
Petit-Fils	Erkek Torun
Père	Baba
Soeur	Kiz Kardeş
Tante	Teyze

Ferme #1
Çiftlik #1

Abeille	Ari
Agriculture	Tarim
Âne	Eşek
Bison	Bizon
Champ	Alan
Chat	Kedi
Cheval	At
Chèvre	Keçi
Chien	Köpek
Clôture	Çit
Corbeau	Karga
Eau	Su
Engrais	Gübre
Foin	Saman
Miel	Bal
Poulet	Tavuk
Riz	Pirinç
Troupeau	Sürü
Vache	İnek
Veau	Buzaği

Ferme #2
Çiftlik #2

Agneau	Kuzu
Agriculteur	Çiftçi
Animaux	Hayvanlar
Berger	Çoban
Blé	Buğday
Canard	Ördek
Fruit	Meyve
Grange	Ahir
Irrigation	Sulama
Lait	Süt
Lama	Lama
Légume	Sebze
Maïs	Misir
Mouton	Koyun
Nourriture	Gida
Orge	Arpa
Pré	Çayir
Ruche	Kovan
Tracteur	Traktör
Verger	Bahçe

Fleurs
Çiçekler

Bouquet	Buket
Gardénia	Gardenya
Hibiscus	Ebegümeci
Jasmin	Yasemin
Jonquille	Nergis
Lavande	Lavanta
Lilas	Leylak
Lys	Zambak
Magnolia	Manolya
Marguerite	Papatya
Orchidée	Orkide
Passiflore	Çarkifelek
Pavot	Haşhaş
Pétale	Yaprak
Pissenlit	Karahindiba
Pivoine	Şakayik
Rose	Gül
Tournesol	Ayçiçeği
Trèfle	Yonca
Tulipe	Lale

Force et Gravité
Kuvvet ve Yerçekimi

Axe	Eksen
Centre	Merkez
Découverte	Keşif
Distance	Mesafe
Dynamique	Dinamik
Expansion	Genişleme
Friction	Sürtünme
Magnétisme	Manyetizma
Magnitude	Büyüklük
Mécanique	Mekanik
Mouvement	Hareket
Orbite	Yörünge
Physique	Fizik
Planètes	Gezegenler
Poids	Ağirlik
Pression	Basinç
Propriétés	Özellikler
Temps	Zaman
Universel	Evrensel
Vitesse	Hiz

Formes
Şekilliler

Arc	Ark
Bords	Kenarlar
Carré	Kare
Cercle	Daire
Coin	Köşe
Courbe	Eğri
Cône	Koni
Côté	Yan
Cube	Küp
Cylindre	Silindir
Ellipse	Elips
Hyperbole	Hiperbol
Ligne	Sira
Ovale	Oval
Polygone	Çokgen
Prisme	Prizma
Pyramide	Piramit
Rectangle	Dikdörtgen
Sphère	Küre
Triangle	Üçgen

Fournitures d'Art
Sanat Malzemeleri

Acrylique	Akrilik
Aquarelles	Suluboya
Argile	Kil
Brosses	Firçalar
Caméra	Kamera
Chaise	Sandalye
Chevalet	Şövale
Colle	Tutkal
Couleurs	Renk
Crayons	Kalemler
Créativité	Yaraticilik
Eau	Su
Encre	Mürekkep
Gomme	Silgi
Huile	Yağ
Idées	Fikirler
Papier	Kâğit
Pastels	Pastel
Table	Masa

Fruit
Meyve

Abricot	Kayisi
Ananas	Ananas
Avocat	Avokado
Baie	Dut
Banane	Muz
Cerise	Kiraz
Citron	Limon
Figue	İncir
Framboise	Ahududu
Goyave	Guava
Kiwi	Kivi
Mangue	Mango
Melon	Kavun
Nectarine	Nektar
Orange	Turuncu
Papaye	Papaya
Pêche	Şeftali
Poire	Armut
Pomme	Elma
Raisin	Üzüm

Géographie
Coğrafya

Altitude	Rakim
Atlas	Atlas
Carte	Harita
Continent	Kita
Fleuve	Nehir
Hémisphère	Yarimküre
Île	Ada
Latitude	Enlem
Longitude	Boylam
Mer	Deniz
Méridien	Meridyen
Monde	Dünya
Montagne	Dağ
Nord	Kuzey
Océan	Okyanus
Ouest	Bati
Pays	Ülke
Sud	Güney
Territoire	Bölge
Ville	Kent

Géologie
Jeoloji

Acide	Asit
Calcium	Kalsiyum
Caverne	Mağara
Continent	Kita
Corail	Mercan
Couche	Katman
Cristaux	Kristaller
Érosion	Erozyon
Fondu	Dökme
Fossile	Fosil
Geyser	Gayzer
Lave	Lav
Minéraux	Mineraller
Pierre	Taş
Plateau	Yayla
Quartz	Kuvars
Sel	Tuz
Stalactite	Sarkit
Volcan	Volkan
Zone	Bölge

Géométrie
Geometri

Angle	Açi
Calcul	Hesaplama
Cercle	Daire
Courbe	Eğri
Diamètre	Çap
Dimension	Boyut
Équation	Denklem
Hauteur	Yükseklik
Logique	Mantik
Masse	Kitle
Médian	Medyan
Nombre	Numara
Parallèle	Koşut
Proportion	Oran
Segment	Bölüm
Surface	Yüzey
Symétrie	Simetri
Théorie	Teori
Triangle	Üçgen
Vertical	Dikey

Gouvernement
Devlet

Citoyenneté	Vatandaşlik
Civil	Sivil
Constitution	Anayasa
Démocratie	Demokrasi
Discours	Konuşma
Discussion	Tartişma
Droits	Haklar
Égalité	Eşitlik
État	Devlet
Indépendance	Bağimsizlik
Judiciaire	Adli
Justice	Adalet
Liberté	Özgürlük
Loi	Kanun
Monument	Anit
Nation	Ulus
National	Ulusal
Paisible	Huzurlu
Politique	Siyaset
Symbole	Sembol

Herboristerie
Bitkicilik

Ail	Sarimsak
Aromatique	Aromatik
Basilic	Fesleğen
Bénéfique	Faydali
Culinaire	Mutfak
Estragon	Tarhun
Fenouil	Rezene
Fleur	Çiçek
Ingrédient	Içerik
Jardin	Bahçe
Lavande	Lavanta
Marjolaine	Mercanköşk
Menthe	Nane
Persil	Maydanoz
Qualité	Kalite
Romarin	Biberiye
Safran	Safran
Saveur	Lezzet
Thym	Kekik
Vert	Yeşil

Ingénierie
Mühendislik

Angle	Açi
Axe	Eksen
Calcul	Hesaplama
Diagramme	Diyagram
Diamètre	Çap
Diesel	Mazot
Distribution	Dağitim
Énergie	Enerji
Force	Kuvvet
Friction	Sürtünme
Leviers	Kol
Liquide	Sivi
Machine	Makine
Mesure	Ölçüm
Moteur	Motor
Mouvement	Hareket
Profondeur	Derinlik
Rotation	Rotasyon
Stabilité	Sebat
Structure	Yapi

Insectes
Böcekler

Abeille	Ari
Cafard	Böcek
Cigale	Ağustosböceği
Coccinelle	Uğur Böceği
Criquet	Keçiboynuzu
Fourmi	Karinca
Guêpe	Yaban Arisi
Larve	Larva
Libellule	Yusufçuk
Mante	Mantis
Moucheron	Sivrisinek
Moustique	Sivrisinek
Papillon	Kelebek
Puce	Pire
Puceron	Yaprakdid
Sauterelle	Çekirge
Termite	Termit
Ver	Solucan

Instruments de Musique
Enstrüman

Banjo	Banço
Basson	Fagot
Clarinette	Klarnet
Flûte	Flüt
Gong	Gong
Guitare	Gitar
Harpe	Arp
Hautbois	Obua
Mandoline	Mandolin
Marimba	Marimba
Percussion	Vurma
Piano	Piyano
Pilons	Baget
Saxophone	Saksafon
Tambour	Davul
Tambourin	Tef
Trombone	Trombon
Trompette	Trompet
Violon	Keman
Violoncelle	Çello

Jardin
Bahçe

Arbre	Ağaç
Banc	Bank
Buisson	Çali
Clôture	Çit
Étang	Gölet
Fleur	Çiçek
Garage	Garaj
Hamac	Hamak
Herbe	Çimen
Jardin	Bahçe
Mauvaises Herbes	Otlar
Pelle	Kürek
Porche	Veranda
Râteau	Tirmik
Sol	Toprak
Terrasse	Teras
Trampoline	Trambolin
Tuyau	Hortum
Vigne	Asma

Jardinage
Bahçıvanlık

Botanique	Botanik
Bouquet	Buket
Climat	Iklim
Comestible	Yenilebilir
Compost	Kompost
Eau	Su
Exotique	Egzotik
Feuillage	Yeşillik
Feuille	Yaprak
Floral	Çiçek
Graines	Tohum
Humidité	Nem
Récipient	Konteyner
Saisonnier	Mevsimlik
Saleté	Kir
Sol	Toprak
Tuyau	Hortum
Verger	Bahçe

Jazz
Cazcı

Accent	Vurgu
Album	Albüm
Artiste	Sanatçi
Célèbre	Ünlü
Chanson	Şarki
Compositeur	Besteci
Composition	Kompozisyon
Concert	Konser
Genre	Tür
Improvisation	Doğaçlama
Musique	Müzik
Nouveau	Yeni
Orchestre	Orkestra
Rythme	Ritim
Solo	Solo
Style	Tarz
Talent	Yetenek
Tambours	Davul
Technique	Teknik
Vieux	Yaş

Jours et Mois
Günler ve Aylar

Août	Ağustos
Avril	Nisan
Calendrier	Takvim
Dimanche	Pazar
Février	Şubat
Janvier	Ocak
Jeudi	Perşembe
Juillet	Temmuz
Juin	Haziran
Lundi	Pazartesi
Mardi	Sali
Mars	Mart
Mercredi	Çarşamba
Mois	Ay
Novembre	Kasim
Octobre	Ekim
Samedi	Cumartesi
Semaine	Hafta
Septembre	Eylül
Vendredi	Cuma

L'Entreprise
Şirket

Créatif	Yaratici
Décision	Karar
Emploi	Iş
Global	Küresel
Industrie	Endüstri
Innovant	Yenilikçi
Investissement	Yatirim
Possibilité	Olasilik
Présentation	Sunum
Produit	Ürün
Professionnel	Profesyonel
Progrès	Ilerleme
Qualité	Kalite
Ressources	Kaynaklar
Revenu	Gelir
Réputation	Itibar
Risques	Riskler
Salaire	Ücretler
Unités	Birimler

Les Abeilles
Arılar

Ailes	Kanatlar
Bénéfique	Faydali
Cire	Balmumu
Diversité	Çeşitlilik
Essaim	Sürü
Écosystème	Ekosistem
Fleur	Çiçek
Fleurs	Çiçekler
Fruit	Meyve
Fumée	Duman
Insecte	Böcek
Jardin	Bahçe
Miel	Bal
Nourriture	Gida
Plantes	Bitkiler
Pollen	Polen
Pollinisateur	Tozlayici
Reine	Kraliçe
Ruche	Kovan
Soleil	Güneş

Légumes
Sebzeler

Ail	Sarimsak
Artichaut	Enginar
Aubergine	Patlican
Brocoli	Brokoli
Carotte	Havuç
Céleri	Kereviz
Champignon	Mantar
Citrouille	Kabak
Concombre	Salatalik
Épinard	Ispanak
Gingembre	Zencefil
Navet	Şalgam
Oignon	Soğan
Olive	Zeytin
Patate	Patates
Persil	Maydanoz
Pois	Bezelye
Radis	Turp
Salade	Salata
Tomate	Domates

Littérature
Edebiyat

Analogie	Analoji
Analyse	Analiz
Anecdote	Anekdot
Auteur	Yazar
Biographie	Biyografi
Comparaison	Karşilaştirma
Conclusion	Sonuç
Description	Tanim
Dialogue	Diyalog
Fiction	Kurgu
Métaphore	Mecaz
Narrateur	Anlatici
Poème	Şiir
Poétique	Şiirsel
Rime	Kafiye
Roman	Roman
Rythme	Ritim
Style	Tarz
Thème	Tema
Tragédie	Trajedi

Livres
Kitaplar

Auteur	Yazar
Aventure	Macera
Collection	Koleksiyon
Contexte	Bağlam
Dualité	İkilik
Écrit	Yazili
Épique	Destan
Histoire	Öykü
Historique	Tarih
Humoristique	Mizahi
Inventif	Yaratici
Lecteur	Okuyucu
Littéraire	Edebî
Narrateur	Anlatici
Page	Sayfa
Pertinent	İlgili
Poésie	Şiir
Roman	Roman
Série	Dizi
Tragique	Trajik

Maison
Ev

Balai	Süpürge
Bibliothèque	Kütüphane
Chambre	Oda
Cheminée	Şömine
Clés	Anahtarlar
Clôture	Çit
Cuisine	Mutfak
Douche	Duş
Fenêtre	Pencere
Garage	Garaj
Grenier	Çati Kati
Jardin	Bahçe
Lampe	Lamba
Miroir	Ayna
Mur	Duvar
Plafond	Tavan
Porte	Kapi
Rideaux	Perdeler
Tapis	Kilim
Toit	Çati

Maladie
Hastalık

Aigu	Akut
Allergies	Alerjiler
Bactérien	Bakteriyel
Chronique	Kronik
Contagieux	Bulaşici
Corps	Vücut
Cœur	Kalp
Faible	Zayif
Génétique	Genetik
Héréditaire	Kalitsal
Immunité	Bağişiklik
Inflammation	İltihap
Lombaire	Lomber
Neuropathie	Nöropati
Os	Kemikler
Respiratoire	Solunum
Santé	Sağlik
Sinus	Sinüs
Syndrome	Sendrom
Thérapie	Terapi

Mammifères
Memeliler

Baleine	Balina
Chat	Kedi
Cheval	At
Chien	Köpek
Coyote	Çakal
Dauphin	Yunus
Éléphant	Fil
Girafe	Zürafa
Gorille	Goril
Kangourou	Kanguru
Lapin	Tavşan
Lion	Aslan
Loup	Kurt
Mouton	Koyun
Ours	Ayi
Renard	Tilki
Singe	Maymun
Taureau	Boğa
Tigre	Kaplan
Zèbre	Zebra

Mathématiques
Matematik

Angles	Açilar
Arithmétique	Aritmetik
Carré	Kare
Décimal	Ondalik
Diamètre	Çap
Exposant	Üs
Équation	Denklem
Fraction	Kesir
Géométrie	Geometri
Parallèle	Koşut
Parallélogramme	Paralelkenar
Périmètre	Çevre
Polygone	Çokgen
Rayon	Yariçap
Rectangle	Dikdörtgen
Somme	Toplam
Sphère	Küre
Symétrie	Simetri
Triangle	Üçgen
Volume	Hacim

Mesures
Ölçümler

Centimètre	Santimetre
Degré	Derece
Décimal	Ondalik
Gramme	Gram
Hauteur	Yükseklik
Kilogramme	Kilogram
Kilomètre	Kilometre
Largeur	Genişlik
Litre	Litre
Longueur	Uzunluk
Masse	Kitle
Mètre	Metre
Minute	Dakika
Octet	Bayt
Once	Ons
Poids	Ağirlik
Pouce	İnç
Profondeur	Derinlik
Tonne	Ton
Volume	Hacim

Méditation
Meditasyon

Acceptation	Kabul
Calme	Sakin
Clarté	Açiklik
Compassion	Merhamet
Esprit	Akil
Émotions	Duygular
Éveillé	Uyanik
Gentillesse	Nezaket
Gratitude	Minnettarlik
Habitudes	Alişkanliklar
Mental	Zihinsel
Mouvement	Hareket
Musique	Müzik
Nature	Doğa
Observation	Gözlem
Paix	Bariş
Perspective	Perspektif
Posture	Duruş
Respiration	Nefes Alma
Silence	Sessizlik

Météo
Hava

Arc-En-Ciel	Gökkuşaği
Atmosphère	Atmosfer
Brise	Esinti
Brouillard	Sis
Ciel	Gökyüzü
Climat	Iklim
Éclair	Yildirim
Glace	Buz
Inondation	Sel
Mousson	Muson
Nuage	Bulut
Polaire	Kutup
Sec	Kuru
Sécheresse	Kuraklik
Température	Sicaklik
Tempête	Firtina
Tonnerre	Gök Gürültüsü
Tornade	Kasirga
Tropical	Tropik
Vent	Rüzgâr

Mode
Moda

Boutique	Butik
Boutons	Düğme
Broderie	Nakiş
Cher	Pahali
Confortable	Rahat
Dentelle	Dantel
Élégant	Zarif
Mesures	Ölçüm
Minimaliste	Minimalist
Moderne	Modern
Modeste	Mütevazi
Modèle	Desen
Original	Asil
Pratique	Pratik
Style	Tarz
Tendance	Akim
Texture	Doku
Tissu	Kumaş

Musique
Müzik

Album	Albüm
Chanteur	Şarkici
Classique	Klasik
Enregistrement	Kayit
Éclectique	Eklektik
Harmonie	Ahenk
Harmonique	Harmonik
Improviser	Doğaçlama
Instrument	Enstrüman
Lyrique	Lirik
Mélodie	Melodi
Microphone	Mikrofon
Musical	Müzikal
Musicien	Müzisyen
Opéra	Opera
Poétique	Şiirsel
Rythme	Ritim
Rythmique	Ritmik
Tempo	Tempo
Vocal	Vokal

Mythologie
Mitoloji

Archétype	Numune
Catastrophe	Felaket
Comportement	Davraniş
Création	Yaratiliş
Créature	Yaratik
Croyances	Inanç
Culture	Kültür
Éclair	Yildirim
Force	Kuvvet
Guerrier	Savaşçi
Héros	Kahraman
Immortalité	Ölümsüzlük
Jalousie	Kiskançlik
Labyrinthe	Labirent
Légende	Efsane
Magique	Büyülü
Monstre	Canavar
Mortel	Ölümlü
Tonnerre	Gök Gürültüsü
Vengeance	Intikam

Nature
Doğa

Abeilles	Arlar
Animaux	Hayvanlar
Arctique	Arktik
Beauté	Güzellik
Brouillard	Sis
Désert	Çöl
Dynamique	Dinamik
Érosion	Erozyon
Feuillage	Yeşillik
Fleuve	Nehir
Forêt	Orman
Glacier	Buzul
Montagnes	Dağlar
Nuage	Bulutlar
Paisible	Huzurlu
Sanctuaire	Barinak
Sauvage	Vahşi
Serein	Sakin
Tropical	Tropikal
Vital	Hayati

Nombres
Şiir

Cinq	Beş
Deux	2
Décimal	Ondalik
Dix	On
Dix-Huit	Onsekiz
Dix-Neuf	On Dokuz
Dix-Sept	On Yedi
Douze	On Iki
Huit	Sekiz
Neuf	Dokuz
Quatorze	On Dört
Quatre	Dört
Seize	On Alti
Sept	Yedi
Six	Alti
Treize	On Üç
Trois	Üç
Un	Bir
Vingt	Yirmi
Zéro	Sifir

Nourriture #1
Yemek #1

Ail	Sarimsak
Basilic	Fesleğen
Café	Kahve
Cannelle	Tarçin
Carotte	Havuç
Citron	Limon
Épinard	Ispanak
Fraise	Çilek
Jus	Meyve Suyu
Lait	Süt
Navet	Şalgam
Oignon	Soğan
Orge	Arpa
Poire	Armut
Salade	Salata
Sel	Tuz
Soupe	Çorba
Sucre	Şeker
Thon	Balik
Viande	Et

Nourriture #2
Yemek #2

Amande	Badem
Aubergine	Patlican
Banane	Muz
Blé	Buğday
Brocoli	Brokoli
Cerise	Kiraz
Céleri	Kereviz
Champignon	Mantar
Chocolat	Çikolata
Jambon	Jambon
Kiwi	Kivi
Mangue	Mango
Oeuf	Yumurta
Pain	Ekmek
Poisson	Balik
Pomme	Elma
Poulet	Tavuk
Raisin	Üzüm
Riz	Pirinç
Tomate	Domates

Nutrition
Beslenme

Amer	Aci
Appétit	Iştah
Calories	Kalori
Comestible	Yenilebilir
Diète	Diyet
Digestion	Sindirim
Épices	Baharat
Équilibré	Dengeli
Fermentation	Fermantasyon
Liquides	Sivilar
Nutritif	Besin
Poids	Ağirlik
Protéines	Protein
Qualité	Kalite
Sain	Sağlikli
Santé	Sağlik
Sauce	Sos
Saveur	Lezzet
Toxine	Toksin
Vitamine	Vitamini

Océan
Okyanus

Algue	Yosun
Anguille	Yilan Baliği
Baleine	Balina
Bateau	Bot
Corail	Mercan
Crabe	Yengeç
Crevette	Karides
Dauphin	Yunus
Éponge	Sünger
Huître	İstiridye
Marées	Gelgit
Méduse	Denizanasi
Poisson	Balik
Poulpe	Ahtapot
Requin	Köpekbaliği
Récif	Resif
Sel	Tuz
Tempête	Firtina
Tortue	Kaplumbağa
Vagues	Dalgalar

Oiseaux
Kuşlar

Aigle	Kartal
Autruche	Devekuşu
Canard	Ördek
Cigogne	Leylek
Colombe	Güvercin
Corbeau	Karga
Coucou	Guguk
Cygne	Kuğu
Héron	Balikçil
Manchot	Penguen
Moineau	Serçe
Mouette	Marti
Oeuf	Yumurta
Oie	Kaz
Paon	Tavus
Perroquet	Papağan
Pélican	Pelikan
Pigeon	Güvercin
Poulet	Tavuk
Toucan	Tukan

Pays #1
Ülkeler #1

Afghanistan	Afganistan
Allemagne	Almanya
Argentine	Arjantin
Brésil	Brezilya
Canada	Kanada
Espagne	İspanya
Équateur	Ekvador
Finlande	Finlandiya
Inde	Hindistan
Israël	İsrail
Libye	Libya
Mali	Mali
Maroc	Fas
Nicaragua	Nikaragua
Norvège	Norveç
Panama	Panama
Philippines	Filipinler
Pologne	Polonya
Roumanie	Romanya
Venezuela	Venezuela

Pays #2
Ülkeler #2

Albanie	Arnavutluk
Chine	Çin
Danemark	Danimarka
France	Fransa
Haïti	Haiti
Indonésie	Endonezya
Irlande	İrlanda
Jamaïque	Jamaika
Japon	Japonya
Kenya	Kenya
Laos	Laos
Liban	Lübnan
Mexique	Meksika
Ouganda	Uganda
Pakistan	Pakistan
Russie	Rusya
Somalie	Somali
Soudan	Sudan
Syrie	Suriye
Ukraine	Ukrayna

Paysages
Manzaralar

Cascade	Şelale
Colline	Tepe
Désert	Çöl
Estuaire	Haliç
Fleuve	Nehir
Geyser	Gayzer
Glacier	Buzul
Grotte	Mağara
Iceberg	Buzdaği
Île	Ada
Lac	Göl
Marais	Bataklik
Mer	Deniz
Montagne	Dağ
Oasis	Vaha
Péninsule	Yarimada
Plage	Plaj
Toundra	Tundra
Vallée	Vadi
Volcan	Volkan

Physique
Fizikçi

Accélération	Hizlanma
Atome	Atom
Chaos	Kaos
Chimique	Kimyasal
Densité	Yoğunluk
Électron	Elektron
Formule	Formül
Fréquence	Siklik
Gaz	Gaz
Gravité	Yerçekimi
Magnétisme	Manyetizma
Masse	Kitle
Mécanique	Mekanik
Molécule	Molekül
Moteur	Motor
Nucléaire	Nükleer
Particule	Partikül
Relativité	Görelilik
Universel	Evrensel
Vitesse	Hiz

Plantes
Bitkiler

Arbre	Ağaç
Baie	Dut
Bambou	Bambu
Botanique	Botanik
Buisson	Çali
Cactus	Kaktüs
Engrais	Gübre
Feuillage	Yeşillik
Fleur	Çiçek
Flore	Flora
Forêt	Orman
Grandir	Büyümek
Haricot	Fasulye
Herbe	Ot
Jardin	Bahçe
Lierre	Sarmaşik
Mousse	Yosun
Pétale	Yaprak
Racine	Kök
Végétation	Bitki Örtüsü

Politique
Siyaset

Activiste	Aktivist
Campagne	Kampanya
Candidat	Aday
Choix	Seçim
Comité	Komite
Conseil	Konsey
Égalité	Eşitlik
Éthique	Etik
Gouvernement	Hükümet
Impôts	Vergi
Liberté	Özgürlük
National	Ulusal
Opinion	Görüş
Politicien	Politikaci
Politique	Politika
Popularité	Popülerlik
Stratégie	Strateji
Victoire	Zafer

Professions #1
Meslekler #1

Ambassadeur	Büyükelçi
Artiste	Sanatçi
Astronome	Astronom
Avocat	Avukat
Banquier	Bankaci
Bijoutier	Kuyumcu
Cartographe	Haritaci
Chasseur	Avci
Danseur	Dansçi
Entraîneur	Koç
Éditeur	Editör
Géologue	Jeolog
Infirmière	Hemşire
Médecin	Doktor
Musicien	Müzisyen
Pianiste	Piyanist
Plombier	Tesisatçi
Pompier	Itfaiyeci
Psychologue	Psikolog
Vétérinaire	Veteriner

Professions #2
Meslekler #2

Astronaute	Astronot
Bibliothécaire	Kütüphane
Biologiste	Biyolog
Chercheur	Araştirmaci
Chirurgien	Cerrah
Dentiste	Dişçi
Détective	Dedektif
Enseignant	Öğretmen
Illustrateur	Çizer
Ingénieur	Mühendis
Inventeur	Mucit
Jardinier	Bahçivan
Journaliste	Gazeteci
Linguiste	Dilbilimci
Médecin	Doktor
Peintre	Ressam
Philosophe	Filozof
Photographe	Fotoğrafçi
Pilote	Pilot
Zoologiste	Zoolog

Psychologie
Psikoloji

Clinique	Klinik
Comportement	Davraniş
Conflit	Çekişme
Ego	Ego
Enfance	Çocukluk
Émotions	Duygular
Évaluation	Değerlendirme
Idées	Fikirler
Inconscient	Bilinçsiz
Influences	Etkiler
Pensées	Düşünceler
Perception	Algi
Personnalité	Kişilik
Problème	Sorun
Rendez-Vous	Randevu
Réalité	Gerçeklik
Rêves	Hayal
Sensation	His
Subconscient	Bilinçalti
Thérapie	Terapi

Randonnée
Yürüyüş

Animaux	Hayvanlar
Carte	Harita
Climat	Iklim
Dangers	Tehlikeler
Eau	Su
Falaise	Uçurum
Fatigué	Yorgun
Lourd	Ağir
Météo	Hava
Montagne	Dağ
Nature	Doğa
Orientation	Oryantasyon
Parcs	Parklar
Pierres	Taşlar
Préparation	Hazirlik
Sauvage	Vahşi
Soleil	Güneş
Sommet	Toplanti

Remplir
Doldurmak

Baignoire	Küvet
Baril	Fiçi
Bassin	Havza
Boîte	Kutu
Bouteille	Şişe
Caisse	Sandik
Carton	Karton
Dossier	Klasör
Enveloppe	Zarf
Panier	Sepet
Paquet	Paket
Plateau	Tepsi
Poche	Cep
Pot	Kavanoz
Sac	Çanta
Seau	Kova
Tiroir	Çekmece
Tube	Tüp
Valise	Bavul
Vase	Vazo

Réchauffement Climatique
Küresel Isınma

Arctique	Arktik
Climat	Iklim
Crise	Kriz
Développement	Gelişme
Données	Veri
Environnemental	Çevresel
Énergie	Enerji
Futur	Gelecek
Gaz	Gaz
Générations	Nesiller
Gouvernement	Hükümet
Industrie	Endüstri
International	Uluslararasi
Législation	Mevzuat
Maintenant	Şimdi
Populations	Nüfus
Réduire	Azaltmak
Températures	Sicakliklar

Santé et Bien-Être #1
Sağlık ve Zindelik #1

Actif	Etkin
Bactéries	Bakteri
Blessure	Yaralanma
Clinique	Klinik
Faim	Açlik
Fracture	Kirik
Habitude	Alişkanlik
Hauteur	Yükseklik
Hormone	Hormon
Médecin	Doktor
Médicament	İlaç
Muscles	Kaslar
Os	Kemikler
Peau	Cilt
Pharmacie	Eczane
Posture	Duruş
Réflexe	Refleks
Thérapie	Terapi
Traitement	Tedavi
Virus	Virüs

Santé et Bien-Être #2
Sağlık ve Zindelik #2

Allergie	Alerji
Anatomie	Anatomi
Appétit	Iştah
Calorie	Kalori
Corps	Vücut
Déshydratation	Susuzluk
Énergie	Enerji
Génétique	Genetik
Hôpital	Hastane
Hygiène	Hijyen
Infection	Enfeksiyon
Maladie	Hastalik
Massage	Masaj
Nutrition	Beslenme
Poids	Ağirlik
Récupérat on	Kurtarma
Sain	Sağlikli
Sang	Kan
Stress	Stres
Vitamine	Vitamini

Science
Bilim

Atome	Atom
Chimique	Kimyasal
Climat	Iklim
Données	Veri
Expérience	Deney
Évolution	Evrim
Fait	Gerçek
Fossile	Fosil
Gravité	Yerçekimi
Hypothèse	Hipotez
Laboratoire	Laboratuvar
Méthode	Yöntem
Minéraux	Mineraller
Molécules	Molekül
Nature	Doğa
Observation	Gözlem
Organisme	Organizma
Particules	Parçaciklar
Physique	Fizik
Plantes	Bitkiler

Science-Fiction
Bilim Kurgu

Atomique	Atomik
Cinéma	Sinema
Explosion	Patlama
Extrême	Aşiri
Fantastique	Fantastik
Feu	Ateş
Futuriste	Fütüristik
Galaxie	Gökada
Illusion	Yanilsama
Imaginaire	Hayali
Livres	Kitaplar
Monde	Dünya
Mystérieux	Gizemli
Oracle	Kehanet
Planète	Gezegen
Réaliste	Gerçekçi
Robots	Robotlar
Scénario	Senaryo
Technologie	Teknoloji
Utopie	Ütopya

Temps
Zaman

Année	Yil
Annuel	Yillik
Après	Sonra
Aujourd'Hui	Bugün
Avant	Önce
Bientôt	Yakinda
Calendrier	Takvim
Décennie	On Yil
Futur	Gelecek
Heure	Saat
Hier	Dün
Jour	Gün
Maintenant	Şimdi
Matin	Sabah
Midi	Öğle
Minute	Dakika
Mois	Ay
Nuit	Gece
Semaine	Hafta
Siècle	Yüzyil

Types de Cheveux
Saç Tipleri

Argent	Gümüş
Blanc	Beyaz
Blond	Sarişin
Brillant	Parlak
Chauve	Kel
Coloré	Renkli
Court	Kisa
Doux	Yumuşak
Épais	Kalin
Frisé	Kivircik
Gris	Gri
Long	Uzun
Marron	Kahverengi
Mince	Ince
Noir	Siyah
Ondulé	Dalgali
Sain	Sağlikli
Sec	Kuru
Tresses	Örgü
Tressé	Örgülü

Univers
Evren

Astronome	Astronom
Astronomie	Astronomi
Atmosphère	Atmosfer
Céleste	Göksel
Ciel	Gökyüzü
Cosmique	Kozmik
Équateur	Ekvator
Galaxie	Gökada
Hémisphère	Yarimküre
Horizon	Ufuk
Latitude	Enlem
Longitude	Boylam
Lune	Ay
Obscurité	Karanlik
Orbite	Yörünge
Solaire	Güneş
Solstice	Gündönümü
Télescope	Teleskop
Visible	Görünür
Zodiaque	Zodyak

Vacances #2

Tatil #2

Aéroport	Havalimani
Carte	Harita
Destination	Hedef
Étranger	Yabanci
Hôtel	Otel
Île	Ada
Loisir	Boş
Mer	Deniz
Montagnes	Dağlar
Passeport	Pasaport
Photos	Fotoğraflar
Plage	Plaj
Restaurant	Restoran
Taxi	Taksi
Tente	Çadir
Train	Tren
Transport	Taşimacilik
Visa	Vize
Voyage	Seyahat

Véhicules

Araçlar

Ambulance	Ambulans
Avion	Uçak
Bateau	Bot
Bus	Otobüs
Camion	Kamyon
Caravane	Kervan
Ferry	Feribot
Fusée	Roket
Hélicoptère	Helikopter
Métro	Metro
Moteur	Motor
Pneus	Lastikler
Radeau	Sal
Sous-Marin	Denizalti
Taxi	Taksi
Tracteur	Traktör
Train	Tren
Van	Van
Vélo	Bisiklet
Voiture	Araba

Vêtements

Giyim

Bijoux	Taki
Bracelet	Bilezik
Ceinture	Kemer
Chapeau	Şapka
Chaussure	Ayakkabi
Chemise	Gömlek
Chemisier	Bluz
Collier	Kolye
Foulard	Eşarp
Gants	Eldivenler
Jeans	Kot
Jupe	Etek
Mode	Moda
Pantalon	Pantolon
Pull	Kazak
Pyjama	Pijama
Robe	Elbise
Sandales	Sandalet
Tablier	Önlük
Veste	Ceket

Ville

Kasaba

Aéroport	Havalimani
Banque	Banka
Bibliothèque	Kütüphane
Boulangerie	Firin
Cinéma	Sinema
Clinique	Klinik
École	Okul
Fleuriste	Çiçekçi
Galerie	Galeri
Hôtel	Otel
Librairie	Kitapçi
Marché	Pazar
Musée	Müze
Pharmacie	Eczane
Restaurant	Restoran
Salon	Salon
Stade	Stadyum
Supermarché	Süpermarket
Théâtre	Tiyatro
Université	Üniversite

Félicitations

Vous avez réussi !

Nous espérons que vous avez apprécié ce livre autant que nous avons pris plaisir à le concevoir. Nous faisons de notre mieux pour créer des livres de la meilleure qualité possible.
Cette édition est conçue pour permettre un apprentissage intelligent et de qualité en se divertissant !

Vous avez aimé ce livre ?

Une Simple Demande

Nos livres existent grâce aux avis que vous publiez. Pourriez-vous nous aider en laissant un avis maintenant ?

Voici un lien rapide qui vous mènera à votre page d'évaluation de vos commandes :

BestBooksActivity.com/Avis50

CHALLENGE FINAL !

Défi n°1

Êtes-vous prêt pour votre jeu bonus ? Nous les utilisons tout le temps mais ils ne sont pas si faciles à trouver. Voici les **Synonymes** !

Notez 5 mots que vous avez trouvés dans les puzzles notés ci-dessous (n°21, n°36, n°76) et essayez de trouver 2 synonymes pour chaque mot.

Notez 5 Mots du ***Puzzle 21***

Mots	Synonyme 1	Synonyme 2

Notez 5 Mots du ***Puzzle 36***

Mots	Synonyme 1	Synonyme 2

Notez 5 Mots du ***Puzzle 76***

Mots	Synonyme 1	Synonyme 2

Défi n°2

Maintenant que vous vous êtes échauffé, notez 5 mots que vous avez découverts dans les Puzzles n° 9, n° 17, n° 25 et essayez de trouver 2 antonymes pour chaque mot. Combien pouvez-vous en trouver en 20 minutes ?

*Notez 5 Mots du **Puzzle 9***

Mots	Antonyme 1	Antonyme 2

*Notez 5 Mots du **Puzzle 17***

Mots	Antonyme 1	Antonyme 2

*Notez 5 Mots du **Puzzle 25***

Mots	Antonyme 1	Antonyme 2

Défi n°3

Formidable ! Ce défi final  n'est rien pour vous.

Prêt pour le dernier défi ? Choisissez 10 mots que vous avez découverts parmi les différents puzzles et notez-les ci-dessous.

1.	6.
2.	7.
3.	8.
4.	9.
5.	10.

Maintenant, composez un texte en pensant à une personne, un animal ou un lieu que vous aimez !

Astuce: Vous pouvez utiliser la dernière page de ce livre comme brouillon !

Votre Composition :

CARNET DE NOTES :

À TRÈS BIENTÔT !

Toute l'équipe

www.ingramcontent.com/pod-product-compliance
Lightning Source LLC
Chambersburg PA
CBHW082210120626
46553CB00010B/3091
* 9 7 9 8 8 9 6 7 0 5 5 1 2 *